学校と教育委員会・自治体をつなぐ

教育DX 推進ガイド

中村学園大学 教育学部教授　メディアセンター長
山本 朋弘 編著

CHAPTER1 教育 DX と学校改革

「令和の日本型学校教育」の実現に向けて
学校教育を DX する
教育 DX における学校管理職・教育委員会の役割と課題

東北大学大学院情報科学研究科教授
東京学芸大学大学院教育学研究科教授 **堀田 龍也**

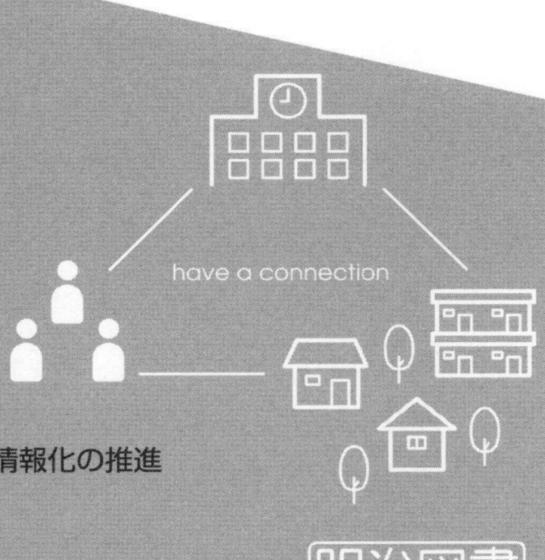

CHAPTER2 教育 DX 推進事例

熊本県高森町　教育 DX を推進する高森町新教育プラン
福岡県うきは市　学校間格差なく「チームうきは」で取り組む情報化の推進
鹿児島県三島村　3つの島をつなぐ日常的な遠隔授業 ほか

先進地域九州の好事例を紹介

明治図書

はじめに

現在，デジタルトランスフォーメーション（DX）は社会全体で推進されており，教育現場においても，その影響が広がっています。例えば，公立小中学校において，児童生徒１人１台の端末環境やクラウド環境が提供されるようになり，最先端技術を用いた教育やスタディ・ログ等によるデータの蓄積が期待されています。また，AI や IoT などの先端技術に関する興味・関心を高め，将来先端技術を使いこなせるような人材の育成にもつなげるためのプログラミング教育や STEAM 教育等が展開されるようになりました。

そのような ICT 環境の整備が進む一方で，以前の教育環境や教育観のままデジタル化のみが進み，地域や学校においては取組の格差が生じている問題も，見逃せない状況にあります。教育 DX に関する取組の格差は，児童生徒の資質・能力を育成する上でも解決すべき問題であり，早急に対応する必要があります。

これまでの取組状況について，文部科学省の調査等から全国的な状況を総合的に見てみると，九州地域のいくつかの自治体において，先進的・継続的に教育の情報化に取り組んでいることがわかります。それらの先進地域は１人１台の端末環境や高速ネットワーク環境を早期に実現させており，課題をこれまでに解決しながら進めてきています。また，１つの学校や教員1人で解決したわけではなく，地域や学校全体で協働しながら解決してきています。それらの取組は，今後教育 DX に取り組もうとする学校や自治体にとって貴重な実践成果といえます。

本書では，それらの先進地域の特徴的な取組として学校の授業で何が起きているのか，教育委員会は何を仕掛けているのか，その具体的な取組を紹介しながら，今後目指すべき教育 DX の在り方を考えてみたいと思います。

学校で何が起きているのか!

(1)GIGA スクールまでの経緯

GIGA スクール構想によって児童生徒１人１台の情報端末とクラウド環境が整備され，教室での活用が進められています。GIGA スクール構想がどのように進んできたか，複数人で１台を活用していた頃からその経緯を見てみたいと思います。

2008年から2012年までの第１期教育振興基本計画では，IT 新改革戦略によって，校内 LAN 整備率や高速インターネット回線の接続率100%を目指していました。校務用コンピュータを教員１人に１台を整備することも目指していました。その後，各教室に大型提示装置や実物投影機を整備するなど，普通教室での ICT 活用を日常的に行うように推進しています。この頃は，児童生徒１人１台の環境ではなく，約３人に１台の情報端末を活用していく方向でした。

その後，文部科学省は，学習指導要領の改訂において，総則に「情報活用能力」を言語能力と同様に「学習の基盤となる資質・能力」として位置付けました。また，学校のICT環境の整備とICTを活用した学習活動の充実が明記されました。さらには小学校プログラミング教育の必修化を含め，小中高を通じたプログラミング教育の充実も明記されました。

その後，令和の時代になってから，１人１台の情報端末は，なくてはならない教材として，日本全体で環境整備を進めていく方向性が示されて，新型コロナウイルス対策等にも関連して，全国の公立小中学校で児童生徒１人１台端末の環境が整備されました。

(2)まずは，授業をどう改善するか！

１人１台端末が整備されてからおよそ２年近く経つわけですが，教師や子供たちは学校の授業でどのように活用してきたのでしょうか。

次は，GIGAスクール構想での１人１台端末の導入期から活用期，発展期へと進む過程を示した図です。授業の主体は教師主導から子供主体に移行していき，「主体的・対話的で深い学び」につながる活用に進んでいきます。

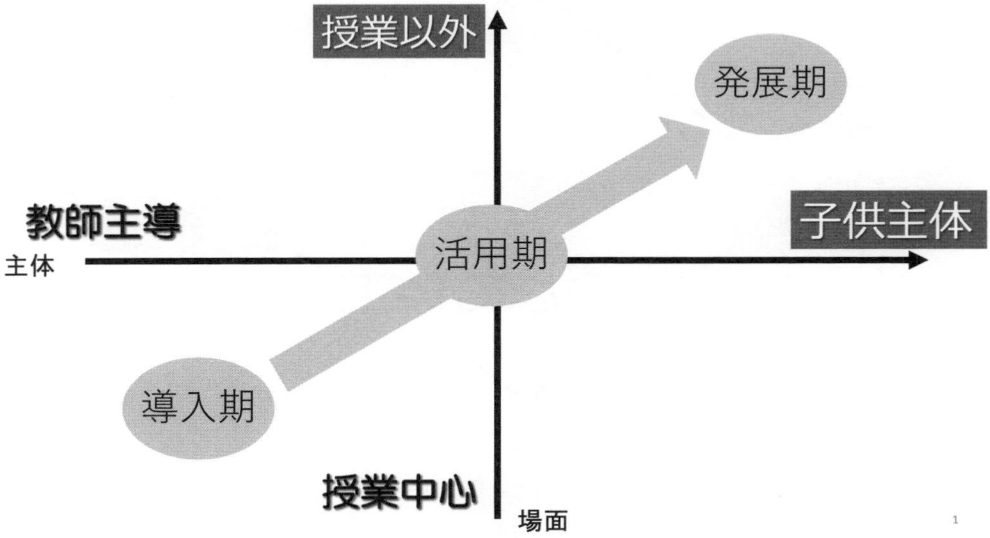

導入期では，従来からの教師がICTを活用して，わかりやすく説明するなどの活用は当然ですが，情報端末やクラウドを活用して教師から子供に資料を配付したり，教師が子供から回収したりするなど，教師主導の授業で活用されると考えられます。活用期から発展期に進むと，子供主体の学びにおいて，情報端末を主体的に活用することが考えられます。例えば，子供同

士がクラウド上で情報を共有したり，協働で編集したり制作したりするなど，「協働的な学び」が進んでいきます。また，必要な情報を取捨選択したり，自分で学習ツールを選択したりするなど，主体的な活用が見られます。

さらに，導入期では授業中心の活用場面だったのが，活用期や発展期においては，休み時間や放課後，家庭学習などの授業以外での活用に移行していくことが期待されます。例えば，情報端末を家庭に持ち帰り，家庭での学習に活用したり，授業前後の休み時間に，必要に応じて情報端末を用いて予習や復習をしたりするなどが挙げられます。「個別最適な学び」と「協働的な学び」を一体的に実現するためには，授業のみならず子供の学びの場面を中心とした情報端末の活用が求められます。

一方，児童生徒１人１台端末を活用したからといって，従来の学びが新たな学びに進むわけではありません。それでは，子供たちの新たな学びをどのように生み出していくのでしょうか。本書で取り上げる事例では，従来の指導方法や学習方法にとらわれず，ICT 活用を挑戦していき，様々な学習方法を模索していきます。そして，その中で子供の新たな学びにつながる ICT 活用に収束していくのです。

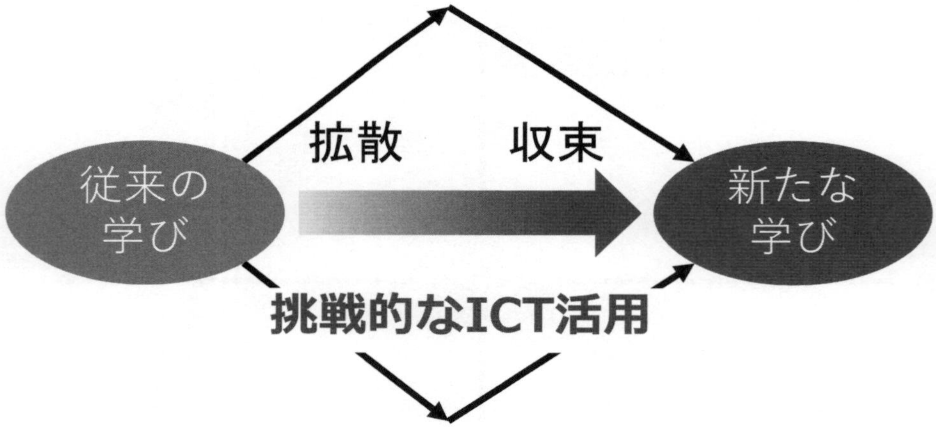

そういった意味では，本書で取り上げる自治体や活用事例はどれも挑戦的な ICT 活用を進めています。また，授業だけでなく，休み時間や放課後，家庭での学習といった授業以外の場面でも積極的に活用を推進していますので，授業以外の活用場面にも注目してほしいところです。さらに，情報端末の活用にいち早く取り組んだ地域では，プログラミング教育や STEAM 教育等の新たな学びが着実に根付いています。児童生徒のプログラミング的思考を高める授業や，教科等横断的な学び，児童生徒の興味・関心を中心とした探究的な学びなどが展開されています。

伴走する教育委員会の取組とは

教育の情報化で先進的に取り組んでいる地域では，教育委員会が学校に伴走しながら，地域全体をうまくリードしています。教育委員会の役割は，授業でのICT活用を促進するだけでなく，情報教育や校務の情報化をさらに深めていくことといえます。先進地域の特徴として，以下の３点が挙げられます。

・教員の働き方改革につながる校務の情報化
・家庭や地域との連携（家庭訪問，学校行事等）
・ICT支援員の活用，企業との連携

先進地域では，デジタル化によって単に校務を効率的に処理するだけでなく，教員の働き方改革につながる取組が進められています。例えば，成績や生活に関するデータを一元管理し，統合型校務支援システムを運用して，より効率的な処理を進めています。また，クラウド上で教員同士が情報を共有したり，Web会議を用いて家庭での在宅勤務を進めたりするなど，これまでの校務の情報化がアップデートしています。

先進地域や先進校は，ビジョンをもっている!

教育委員会の教育長を「教育CIO」，校長等の学校の管理職を「学校CIO」といわれます。このCIOは，Chief Information Officerの略で，情報統括責任者の意味です。地域や学校の情報を管理するとともに，ICT活用を推進する役割をもっています。

先進地域や先進校では，この教育CIOと学校CIOが教育の情報化に関するビジョンをもって進めています。特に，そのビジョンは明確に公表され，組織の中で共有されています。本書で事例を紹介する自治体についても，教育CIOや学校CIOが推進ビジョンを明確にして，地域や学校の中でリーダーシップを発揮していますので，ぜひ参考にしてもらいたいです。

推進ビジョンには，どのような内容が考えられるのか，その注目してほしい点を解説します。

まず，１つ目は，学校のICT環境を“戦略的”に整備している点です。校務の情報化を含めて，今学校が何を必要としているのか，授業改革につながるICT環境をどのように構築していくか，戦略を立てて計画的に進めている点です。

２つ目は，学校現場と市町村教委，首長部局が連携して，「ICT活用による授業改善や情報教育の充実」を中心に据えて進めている点です。授業改善や情報教育を学校任せにするのではなく，教育委員会も授業のイメージを共有していることは，どの方向を目指して授業を改善するのか共通理解することができます。

３つ目は，情報発信や人材育成に力を入れている点です。１人１台端末の活用について，インターネットを用いた情報発信や情報提供を継続的に進めています。また，教員研修の進め方について，各学校や各地域で創意工夫が見られるようになりました。

教育の情報化は，授業でのICT活用，情報教育の推進，校務の情報化の３つをバランスよく進めていくことが求められます。この「バランスよく進める」点でも，明確なビジョンと計画をもって進めていることがわかります。

学校と教委の距離感，強力な推進体制

先進地域では学校と教育委員会の距離感が近く，定期的に協議を進めて，新たな取組について共通理解ができています。お互いに情報を共有しながら，教育の情報化を推進している点も特徴的であるといえます。

さらに，先進地域では，家庭や地域と深く連携しながら，教育の情報化を推進している点も特徴的であるといえます。家庭用の端末やネットワークを整備・構築するなど，地域や家庭のデジタル環境を整えています。また，地域の児童生徒からリーダーを育成したり，保護者やPTAにも協力を得ながら環境整備を進めたりするなど，幅広い取組が行われています。家庭や地域に学校行事を動画配信するなど，新型コロナウイルス感染症への対応などにもいち早く取り組んだ地域が見られます。

さらには，ICT支援員を配置して，学校の中で活躍できる体制や環境を構築しています。ICT支援員が苦手意識のある教師をサポートし，どの学級でも進められるようにすることで，持続可能な取組を実現しています。また，教育の情報化においては，企業との連携も重要な取組であり，成功の鍵になるといえます。

ICTの効果的な活用と資質・能力の育成

先進地域では，授業でのICT活用において，２つの段階が見られます。

まず，ICT活用によって，限られた時間を効率的に運用するというステップ１です。これは，紙などの従来ツールよりも実践しやすく，効率化によって生み出された時間から授業展開を再構築できるというものです。

次に，思考力，判断力，表現力等の資質・能力の育成において効果的に活用するステップ２です。これは，従来の一斉授業と異なり，「個別最適な学び」や「協働的な学び」を一体的に充実させるものです。効率化と違ってより時間を要することもありますが，資質・能力の育成の面から単元や年間で意図的・重点的に位置付けているものです。このように，どうやったら，ICTを効果的に活用できるかということだけでなく，これからの時代を生き抜く児童生徒に必要な資質・能力を育む視点をもつことが重要だと思います。

さらに先進地域は，ICT 活用だけを推進しているわけでなく，英語教育や小中一貫教育など，他の教育内容と関連付けながら進めている点も特徴的なところです。

1．限られた時間を効率的に運用する
　→従来ツールより実践しやすい
　→どの学級でも日常的な活用が図られる
2．資質・能力の育成において効果的な場合
　→従来の一斉授業と異なる形態（「個別最適な学び」と「協働的な学び」）で実施
　→単元の中で意図的・重点的に位置付けている

質的な格差を埋めるために

自治体や学校において，アフターGIGA スクールでの大きな課題は，学校や学級，地域での格差の問題です。１人１台端末の活用を推進する上で重要なことは，学校や学級，地域の間で格差を生じさせないことです。現在，環境面においては，GIGA スクール構想によって１人１台端末とクラウド環境が整備されて，公立の小中学校では ICT 環境面での格差はほぼ見られないようになってきました。

問題となるのは，活用面での格差です。活用においては，担当する教師の活用への意識によって大きく異なってくることが考えられます。そういった意味では，教師一人で頑張って活用を進めるのではなく，学校や地域全体でチームとなって活用の推進を図ることが求められます。先進地域では，教員研修の進め方や，ICT 支援員の関わりを工夫して，活用面での格差が生じないようにしています。教員研修では，どのような内容を取り上げるのか，指導力を高めるとともに，児童生徒の情報活用能力の育成に関する研修も併せて進めていく必要があります。この後の章で，その具体的な内容を紹介できると思います。

最後に，特に気を付けたいのは，どれだけ活用したかといった「量的な面」ではなく，どのように活用したかといった，「質的な格差」にあるといえます。GIGA スクール構想で各教室での活用は進んできたわけですが，教師主導の活用のままで，児童生徒に委ねる部分が少ない授業も見られます。今回の先進地域の学校では，できる限り児童生徒に委ねて学習者中心の授業を進められるように工夫していますので，参考にしていただければ幸いです。

まずは教育 DX とは何か，今後の展開がどのように進むのかを整理していきます。そして，教育 DX に成功した先進地域の学校や教育委員会の好事例を紹介いたします。教育 DX を推進する学校や自治体にとって参考となるポイントを提示していきます。

中村学園大学教育学部教授・メディアセンター長　山本　朋弘

CONTENTS

CHAPTER1

学校と教育委員会・自治体をつなぐ

教育 DX と学校改革

「令和の日本型学校教育」の実現に向けて

人口減少社会の影響を真剣に考える

「教師は多忙だ，学校はブラックだ」。価値ある仕事である教師になった人たちが，あまりの大変さに離職してしまう，そんな職場環境が今，大きな課題です。

日本が人口減少社会に入ったのは2005年頃と言われます。それから現在までの間に，人口が減ることを前提に仕事の仕方や組織の仕組みをどう変えてきたのかということが，今日における組織の働きやすさにつながっています。例えば民間企業では，社員が在宅勤務をできるようにしたり，働く日数を週３日や週５日で選べるようにしたり，子育て中の人は午前中だけの時短勤務を可能にするなど，柔軟な働き方を取り入れて働きやすさを追求してきました。メールでの報告を許容し，決裁もデジタルに移行しています。それによって，能力のある人材に自分の会社で働いてもらえるよう工夫と努力をしてきました。

ところが日本の公立学校では，公務員だということもあって，教師の働き方が一律に規定されてしまっています。福利厚生は十分に工夫されていますが，2005年から今までの間で仕事の量はむしろ増えており，複雑化しています。そういう状況の中であっても，民間企業のようにデジタル化が進んでこなかったために，限られた人員で複雑な状況を何とか乗り越えようとしてきました。その結果，教師は長時間勤務を課されて疲弊し，そのために「学校はブラックだ」と言われるようになってしまいました。個々の教師の能力のキャパシティを超え，メンタルに影響が出て離職する教師も増えています。これらのことがマスコミで報道されるたびに，教師に対する過剰な期待に応えられそうにないと思う学生たちは教職を回避するようになり，教員採用試験を受験する人の数も減少してしまいました。

これはかなり深刻な問題です。なぜなら，現在働いている人の働き方の問題だけでなく，学校教育の持続可能性に非常に大きな影響を与えてしまっているからです。

この書籍は，自治体・教育委員会と学校がどのように学校を改革し，教育 DX に向かっていくのかという主旨の書籍です。そんな書籍だからこそ，学校の働き方改革のことから話を始めました。私たちの「感覚」は，民間企業で働く世間の多くの保護者たちと遠ざかっていないか，民間企業が情報化することによって入手してきた利便性と業務改善を理解できているかどうか，そんな点検から教育 DX を始めていくべきだという主張です。

2050年，現在の小学校６年生の児童が40歳になります。彼らが社会の中心で働いたり，子育て世代になったりしている頃，日本の人口は現在より約3,000万人ほど減少し，9,500万人になっていると予測されています。現在の少子化が大きく影響を及ぼし，働き手が大幅に減少し，相対的に高齢者率が上がり，65歳以上が全人口の約４割になっているそうです。この頃には，65歳以上の高齢者がしっかり働いて社会に参画することなしには社会が維持できない時代になっていることでしょう。65歳の方は，さすがに体力的に20代や30代の人たちと同じようには働けないとはいえ，長年培ったスキルや経験，そして人脈をお持ちです。そういう方々が持っている能力やスキルを活かせるような仕事の仕方を用意することが必要な社会に向かっていきます。現在，ニュース等でよく話題になっている「ジョブ型雇用」への転換がこのことです。民間企業では，その人ごとの個性的な働き方をどのように認めていくかという雇用の考え方が普通になってきています。

現在の児童生徒が社会に出る時代には「人生100年時代」となり，長い期間にわたって働き続ける時代になります。人生のさまざまなステージで，学び直しや学び足しをしてキャリアチェンジを繰り返しながら，自己実現に向かっていく時代です。学び続ける時代だからこそ「学びに向かう力」が学習指導要領で中心的に謳われるようになっているのです。

これからの時代のイメージ

学校教育は，未来を支える人材を育てる教育であることは言うまでもありません。

安定した時代であれば，未来は現在とあまり変わらないかもしれません。しかし，現在のような流れの速い時代，何が起こるかわからない見通しのつきにくい時代には，未来予測そのものが難しく，常に対応に追われることになります。

現行の学習指導要領の作成にあたった中央教育審議会では，このような変化の激しい社会，価値観の多様化した社会，高度に情報化や国際化した社会において，我が国が迎える急速な人口減少の中でも持続可能な社会の実現を目指すことが強く意識され，議論が繰り返されました。これを受けて，学習指導要領前文には「これからの学校には，こうした教育の目的及び目標の達成を目指しつつ，一人一人の生徒が，自分のよさや可能性を認識するとともに，あらゆる他者を価値のある存在として尊重し，多様な人々と協働しながら様々な社会的変化を乗り越え，豊かな人生を切り拓き，持続可能な社会の創り手となることができるようにすることが求められる」という記述があります。

世界的には人口爆発による食糧難などの諸問題が懸念されている一方で，日本では急速な少子高齢化による人口減少社会を迎えています。労働人口の激減によって，我が国を支える人材にはパフォーマンスの高さが求められるようになっています。同時に，働くための仕組みもこれまで通りでは立ちゆかなくなり，効率化が求められることになっています。

国連機関の１つであるIMF（国際通貨基金）によれば，日本の１人あたり名目GDP（国内総生産）は世界で27位です（2021年）。私たちが子供の頃は学校で「日本は経済大国だ」と教わりましたが，今や日本は先進国の中では凡庸な国の１つに過ぎません。1990年代後半では世界で５本の指に入る経済大国でしたが，この20数年のうちにそうではなくなってしまったのです。あまり認めたくない事実ですが，これが日本の現実です。少なくなった労働人口で，この豊かな社会を支えていくことが求められる世代を，私たちは今育てているのです。

これからの資質・能力

先に「人生100年時代」について触れました。人生のそれぞれの局面で，働き方が変わるだけでなく，自己の経験を有効に機能させるためのキャリアチェンジが積極的に推奨されるようになってきています。世間的には，すでに終身雇用は崩壊しています。社会で活躍する人たちの職業履歴を見ればわかるように，仕事を転じていくことは今では常識的なことです。ところが教育公務員である教師は（市役所等の公務員と同様に）現段階でも終身雇用です。したがって，私たちが子供だった頃の社会との大きな変化を身近に感じにくいのです。

民間企業では，新卒生の同時就職の割合は次第に減少し，中途採用（常時採用）の割合の方が高くなっています。大学を卒業して新規に入社した社員に「この会社で何年間働きますか」と尋ねると，「10年以内に離職する」という人が５割を超える時代です。それは不真面目なのではなくて，この会社で身に付けるであろうスキルと経験を活かして，次なるステップにキャリアチェンジしていくという前向きな姿勢です。キャリアチェンジには，学び直しや学び足しは不可欠です。社会に出たら働きながら学ぶことになります。キャリアチェンジのために必要な学ぶための時間的な余裕がないような仕事が忌避されるのは当然のことです。週末や夜の時間を使って学ぶ際，その学びの多くはオンラインでの学びとなります。したがって，「オンラインで学ぶスキル」は生涯学習の今日では必要最低限のスキルであり，学校教育の段階で経験させ確実に身に付けさせるべき教育内容となっているのです。

教師は，教室で目の前にいる児童生徒を教えているために，児童生徒の学習を教師が存在することを前提に考えてしまいがちです。しかし本質的には，教師がいなくても学ぶことができる人に育てなければ生涯学び続ける人材にはなりません。小さな失敗ですぐに自信を無くしたりあきらめたりすることなく，むしろ失敗した原因を考え，修正して再チャレンジしていくという乗り越え方で学び続けるという姿勢を身に付けさせることが，これからの時代の義務教育の役割です。先回りして手をまわし過ぎるより，教師が把握できる範囲の中でむしろ失敗経験を積ませることが必要です。また，働き手の総数が少なくなるということは，１人あたりの生産効率が上がらなければならないということでもあります。人手は恒常的に不足するのですから，人間ができることだけで仕事の範囲が閉じているようでは，生産効率は上がりません。人間がやっていることの一部をAIやロボットなどのテクノロジーに任せ，人間は人間にしかできないことに絞り込んで挑戦するという考え方が大切です。そのために，情報端末をそばに置き，常にこれを活用して活動させるというGIGAスクール構想が動いたのです。日頃から

ICT を活用させること無しには，いつまでも人力ですべてに対応するという発想になってしまうからです。また，小学校段階からプログラミング教育が導入されたのも，STEAM 教育が重要だと言われるのも，同じような理由です。これらは単なる流行ではなく，大きく変化している社会の必然なのです。時代を反映した資質・能力の育成が要求されているのです。繰り返すようですが，何より大切なことは，変化した社会で生きていくことになる子供たちに，教師や学校，教育委員会がどのくらい実感を持って教育しているかということです。自分が教わってきたときと同じような学習指導の再生産をしていたら，これから先の時代に生きる子供たちは潰れてしまいます。

これからの学校教育

生涯にわたり目標に向かって学び続けるためには，自己の関心と持ち合わせたスキルとの差分を常に意識し，自分の学び方の特性を認知できる必要があります。また，学び方のスキルが不可欠となります。現行の学習指導要領では，これらを総じて「学びに向かう力」と呼んでいます。知らなければならない知識，会得しなければならない技能は，ICT の力も借りて自分のペースで確実に学び取ること。自分の興味・関心については，ICT の力も借りてさまざまなリソースにあたり，自己の経験とつなげて思考し，探究を繰り返していくこと。これらが「個別最適な学び」です。一人で学ぶだけでは時間的に限界がありますから，友達と対話し，感化されることが必要になります。これが「協働的な学び」です。これらの学びを通して，他者から受けた影響を踏まえ，自分の理解を自覚的に更新していくこと。学習指導要領ではこれを「深い学び」と呼んでいます。クラウドなども用いて作業を協働で行うスキルを身に付け，社会を見つめ，問題発見と解決を繰り返し，生活や社会を少しずつ改善していくようなマインドを備えることが求められますが，これが「問題発見・解決能力」です。

このような資質・能力を身に付けることが求められることになった今日の学校では，従来の授業の形態を考え直す必要があることは自明でしょう。学ぶ道具として情報端末を用い，「情報活用能力」を身に付けさせ，それを発揮しながら各教科の学習を深めていくような学習活動を意図的に設定しなければなりません。押し寄せる多様な問題を解決できる能力の育成を目指して，毎時間の授業を問題の設定と解決と捉える目線を育て，常に情報端末を用いて多様なリソースにあたり，友達と対話・協働しながら学ぶ経験をさせ，自己の知識・技能の更新を意識させることが求められているのです。これらは，教科の目標そのものではありません。しかし，いずれ変化の速い社会に出て行くすべての子供たちに対して必要な経験なのです。学習指導要領ではこれを「学習の基盤となる資質・能力」と呼んでいます。今回の学習指導要領が「コンテンツベース（内容主義）」ではなく「コンピテンシーベース（資質・能力主義）」と言われる所以でもあります。

学校教育をDXする

学校の情報化の遅れを自覚する

学校の情報化については，世間からずいぶん遅れていることが話題になります。今日では多くの人がスマートフォンを所持しています。これを使えば，いつでもテレビ電話ができる時代です。SNSを用いれば，簡単にメッセージの交換ができます。対面での知り合いであれば，いつでもオンラインで連絡することが簡単にできる時代です。そんな時代なのに，コロナ禍で学校では「オンライン授業」さえ十分にできませんでした。ニュースでも何度も取り上げられましたが，当時はまだ１人１台の情報端末が十分に行き渡る前でした。その後，GIGAスクール構想で全国の小・中学校に情報端末が導入されましたが，その後に学校が臨時休業になっても，家庭に持ち帰ってオンラインで学習することが許可されない学校や自治体がありました。全国学力・学習状況調査でも，情報端末の持ち帰り活用が調査対象となっておりますが，未だに「緊急時のみ」「持ち帰りは禁止している」という学校があります。

このことは，教師が思っている以上に，公教育に対する一種の信用失墜を招いています。情報社会が進展している世間の常識と学校の常識が，ズレてしまっているのです。ICTは学習の道具であると同時に，現在ではクラウドも含めて教育のインフラです。子供たちにとっては学習環境であり，教職員にとっては労働環境です。インフラが整っていない状況では，授業改善や働き方改革を行うのは困難であることは容易に想像できます。だからこそ，まずは国によって学習のインフラを急ぎ整備しようというのがGIGAスクール構想です。国は次に，教師の情報端末を整備するための予算を確保し，Wi-Fi等がない家庭に対してWi-Fiルータ等を措置する予算を確保しました。ICT支援員やGIGAスクールサポーターと言われる人的支援も用意しました。それでもなお，現段階でまだ情報端末を持ち帰らせず，家庭からオンラインで学習する学習体験を与えていないということは，大きな問題であると言わざるを得ません。

世の中は段階的に「DX」に向かっている

DX（デジタル・トランスフォーメーション）とは，Digital Transformationの略語のことです。Transformationという言葉は，日本語で言えば「変容」です。つまり，DXとは，デジタルによって生活，社会，経済など，世の中が便利に変容していくことです。DXに向かう道のりは，一般的に３つの段階に分けられるとされています。次の図に示すように「情報のデータ化（Digitization）」「業務のICT化（Digitalization）」「デジタルによる価値創造

（Digital Transformation）」です（自治体 DX 白書編集委員会，2021）。これが段階的に進んでいき，最後に DX に辿り着くとされています。

第１ステップは「情報のデータ化（Digitization）」です。アナログの情報をデジタルのデータ形式に変換することです。学校教育においては，たとえば教科書を PDF にすることが挙げられており，ペーパーレス化などのメリットがあるとされています。

	Digitization (情報のデータ化)	Digitalization (業務のICT化)	Digital Transformation (デジタルによる価値創造)
目的	組織の効率化を主な目的として、業務を情報通信技術に代替すること	住民サービスの向上を主な目的として、デジタルを用いて新しい価値を生み出したり、仕組みを変えること	住民サービスの向上を主な目的として、デジタルを用いて新しい価値を生み出したり、仕組みを変えること
内容	アナログの情報をデジタルの形式に変換する技術的過程	情報のデータ化を前提として、業務をICT化する業務的過程	情報のデータ化、業務のICT化を前提に、住民本位の行政、地域、社会を再構築する価値共創的過程
ミッションヴィジョンの必要性	低い		高い
用語の親和性	業務効率化・省人化・コスト削減		UI・UX・個別最適化
視点	業務本位		住民本位
視点	部分的・戦術的		全体的・戦略的
視点	業務		経営
具体例(行政)	マイナンバーカードによって、申請書類の記入が省略できる	マイナンバーカードを持って、コンビニエンスストア等で自動交付機を通じて住民票を取得できる	役所に訪れ、申請することなく、プッシュ型で必要な行政サービスが、必要としている人に提供される
具体例(教育)	教室型の授業で、紙ではなく、デジタル教科書を活用する	教室型のオンライン授業を実施し、全ての生徒が同じ課題を電子データで提出する	県外の学校に入学しなくても、世界最高かつ個別最適化された高等教育を受けられ、学習歴が記録される
備考	一般的に「ICT化」「IT化」と捉えられる段階で、既存のアナログの業務を前提としている	業務効率化、省人化、コスト削減	既存のアナログ業務や価値観を前提としない

DX に向かう3つの段階（自治体 DX 白書編集委員会，2021）

第２ステップは「業務の ICT 化（Digitalization）」です。第１ステップで情報がデータ化されている前提で，業務そのものを ICT 化することです。学校教育においては，たとえばオンライン授業で課題をデジタルで提出することが挙げられています。

第３ステップは「デジタルによる価値創造（Digital Transformation）」です。第１ステップで情報がデータ化され，第２ステップで業務が ICT 化している前提で，従来の業務のプロセスを根本的に見直し，再構築を行う段階になります。学校教育においては，たとえば場所や年齢に関わらず教育を受けることができることが挙げられています。このステップに届いたときに，はじめて教育が DX したということができるのです。

第１ステップと第２ステップは，「情報のデータ化」と「業務の ICT 化」という違いはあっても，それまでの個別の業務をデジタルに移行することであるのに対して，第３ステップは既存の業務を前提にせず，むしろそれを大きく変容させることがイメージされているのがポイントです。つまり，第３ステップの DX まで行けば，教育制度の見直しをはじめとして教育の在り方が大きく変化するということになります。注意すべきことは，第３ステップである DX の実現のためには，「情報のデータ化」と「業務の ICT 化」が進んでいることが前提となっており，これらの段階を踏まずに DX に到達することはできないことです。すなわち，現状の学校では，業務や学習活動で取り扱うデータをまずはデジタル化し（第１ステップ），業務や学習活動を ICT で行うようにすること（第２ステップ）がまず必要とされるのです。

この２つのステップを踏むこと無しに，教育 DX（第３ステップ）が到来することはないのです。ICT が整備されたとき，一足飛びに「有効な活用は何か」と考えることが誤りであることがわかるでしょうか。「情報のデータ化」と「業務の ICT 化」が進んだ上で，それらに慣れた子供たちと教師たちの間で生じる学習方法の変化を待つ必要があるのです。その変化はおそらく，従来よりも効率よく，あるいは効果的に実施されるために生じた変化でしょう。それこそが ICT の「有効な活用」となるのです。

なぜ「GIGA スクール構想」が実施されたのかを把握する

学校の ICT 環境の整備は，本来的には設置者の責務です。小・中学校の多くは区市町村が，高等学校の多くは都道府県が設置者となっています。設置者である自治体ごとに財政力が異なるので，その程度に合わせて地方交付税交付金が措置されています。その使途は自治体が主体的に決定できるため，学校の ICT 環境の整備に予算が割かれない場合が生じ，結果として自治体ごとの整備格差が大きくなりがちになります。

OECD による2018年の生徒の学習到達度調査（PISA 調査）では，我が国の15歳の生徒は，学校内でも学校外でも学習のために ICT を活用する利用時間が短く，OECD 加盟国中最下位に位置していました。また，PISA 調査がコンピュータ使用型調査（CBT）として実施されるようになって以降，読解リテラシーのスコアが有意に低下していることなどが指摘されました。この結果が発表された2019年の年末には，テレビや新聞でこの事態が大きく取り上げられましたが，実はこの傾向は PISA2009の頃から継続的に観察されていたことです。

そこで，2019年12月13日に「GIGA スクール構想」が閣議決定されることになり，2019年度補正予算案に2,318億円が盛り込まれました。義務教育段階の児童生徒に対して，2020年度から2023年度までの４年間で，１人１台の情報端末を整備することになったのでした。

2020年１月後半からの新型コロナウイルスの流行によって，同２月末から初等中等教育の学校に対して臨時休業が要請されたこともあり，GIGA スクール構想は2020年度中の整備完了に前倒しされることになりました。このことは，出遅れた自治体への整備困難を招きました。

整備済みの情報端末の OS は，ChromeOS™ 40.0%，Windows 30.9%，iOS 29.1%，その他 0.1%となりました（文部科学省調査）。GIGA 以前は，義務教育段階の学校に導入されている情報端末の OS のほとんどが Windows だったことを考えると大きな変化です。クラウドベースの利用環境に大きくシフトしたことによって OS が多様化したと考えられます。つまり，ほとんどの学習活動がクラウド上で進んでいく GIGA 環境では，OS そのものよりも，どのクラウドツールを利用しているかこそが重要だということになるのです。

デジタル教科書・教材が普及し，教育データ利活用が進んでいく

デジタル教科書は，障害のある児童生徒や外国人児童生徒等の増加に対して，合理的配慮を施しやすいことがすでに広く知られています。これに加え，インターネット上に豊富に存在するデジタル教材や社会教育施設等の資料等とリンクすることも可能となります。そのため，専門家会議による審議を経て2018年に学校教育法ほか関係法令が一部改正され，デジタル教科書を2019年度から教育課程の一部において紙の教科書に代えて使用することができることが制度化されました。これは GIGA スクール構想で義務教育段階の児童生徒に情報端末が配布される準備となる制度改正と言えるでしょう。現在は中央教育審議会のワーキンググループとして，次期学習指導要領を見据えた学習環境として検討が進んでいます。

2021年度には，デジタル教科書の発行状況が小・中学校ともに約95%に達しました。教科書発行者側の準備も整いつつあることを踏まえ，2021年度以降，小学校５・６年生，中学校全学年（特別支援学校も含む）に対し，外国語（英語）を最優先させる形でデジタル教科書を配布する補正予算が確保されました。外国語の次は，現場ニーズが高い「算数・数学」を導入する方向性が検討されています。また，デジタル教科書を配信する基盤整備にも大きな補正予算が計上されました。これにより，各教科書会社が個別に配信基盤を準備する必要がなくなり，教科書会社は検定をクリアしたデジタル教科書を定められた共通のデータ形式で準備しさえすれば，汎用的な配信基盤を用いて配信されることになります。これによってデジタル教科書のコストダウン，それによるさらなる普及が見込まれています。

一方，文部科学省は「教育データの利活用に関する有識者会議」により，データの種類や単位がサービス提供者や使用者ごとに異なる状況を改善し，相互に交換，蓄積，分析が可能となるように教育データの標準化を行い，教育ビッグデータの活用を本格的に進めることとしました。教科書や教材のデジタル化と学習ログの収集を前提に，教育データの標準化を進めていくことが目指されています。その検討の成果として，たとえば「学習指導要領コード」を公表しています。学習指導要領コードは，学習指導要領内のすべての文章に学校種，学年，教科などの16桁の数値をナンバリングしたものです。デジタル教科書の任意のページが学習指導要領のどの記述に対応しているのかを学習指導要領コードで確認し，同じ記述に対応しているデジタル教材等に自動リンクさせることなどが想定されています。また，全国の学校にそれぞれ唯一となる「学校コード」を公表しています。学校コードは，学校種，都道府県番号，設置区分（設置者の別）の中で重複なく付番される学校番号を13桁のコードにしたものです。

これらのコードの標準化により，教育ビッグデータが収集された際，学習指導要領のどの記述に対応した指導上の課題があるのかを可視化することができます。デジタル教科書の学習ログの時系列分布から，どの単元に何日ぐらいかかっているかを読み取ることができ，授業時数の適切な再配置に用いることなども可能になります。

教育DXにおける学校管理職・教育委員会の役割と課題

まずは校務のクラウド化から推進すること

教育 DX は一朝一夕に実現するものではありません。ここまで解説してきたことの多くは，国レベルの制度的なことです。これを実際に学校現場で実現するためには，教育委員会の役割は重要であり，また学校管理職の責任も多大です。教師は専門職です。状況を理解し，納得すれば，そこから先は自らの経験と組み合わせて，個性的に実践していくものです。したがって最初の課題は，教師自身に DX を実感させられるかということになります。GIGA スクール構想によって授業の変化が観察される学校の多くは，授業での ICT 活用と同時に（あるいはそれ以前に），教師自身がクラウドツールを活用し，校務等を便利にこなす体験をしています。たとえば，保護者アンケートの配信・回収のデジタル化や，職員会議の議題と議事録の共同編集などです。日常の校務でクラウドツールが頻繁に活用され，その利便さを体感した教師は，この便利な機能を授業でどう活用しようかと考えるようになります。文部科学省は，「全国の学校における働き方改革事例集」としてクラウドツール等の活用による校務改善の事例を集め，Web サイトに掲載しており，多くの学校がこれを追試しています。

授業観の変容を積極的に承認していくこと

「デジタル教科書をどのように活用すれば学習効果が上がるか」という質問がよくあります。一般的には，デジタルならではの機能を活かすという回答になりますが，それらは子供たちの慣れにもよって変わります。当然ながら，デジタル教科書を活用して授業をした経験が少ない教師には，デジタル教科書を活用したよい授業を実現することは困難です。文部科学省の調査でも，デジタル教科書を活用した経験がある教師の方が，ない教師に比べてデジタル教科書の活用に積極的だという結果が出ています。活用してみればデジタルならではの機能の生かし方や，子供たちの慣れの程度がわかり，方針が立てやすくなるということです。つまり，「活用による慣れが解決する」ということです。デジタル教科書だけでなく，クラウドツール等も同様です。活用に慣れた子供たち，そんな子供たちを相手に授業することに慣れた教師たちは，今までの授業の方法に固執するよりも，これらの機能やスキルを活かした合理的な方法に移行していきます。これを見た管理職等が，過去の経験をもとにした指導助言をしてしまい，せっかくの挑戦と変容を妨げてしまう事例があります。GIGA スクール構想によって学習環境が大幅に変わったのですから，情報端末が無かった頃の授業のスタイルを前提とした助言は危険です。挑戦する教師たちを応援しましょう。

学校に対する支援体制を整えること

１人１台の情報端末が整備されたという大きな環境変化に，日頃から多忙な教師たちが立ち向かっています。これを支援する体制を整えることは，教育委員会や学校管理職の使命です。たとえばGIGAスクールサポーター，ICT活用教育アドバイザー，ICT支援員等の配置がその１つです。ICTやICT活用に対する専門的な知識をもった人たちがそばにいてくれることが，教師たちの心理的安全を保障することになります。すでに国は地方財政措置によって一定程度の投資をしていますが，残念ながらその配置には自治体による格差が生じています。

文部科学省は，GIGAスクール運営支援センターの設置を推奨し，国の補正予算で措置しています。学校現場のICT活用を推進する運営支援体制は，極めて重要な案件です。

教育データ利活用に向けた環境整備を急ぐこと

１人１台の情報端末の活用が進んでいる現在の大きな課題は，高速インターネット接続です。従来に比べて端末数や利用頻度が格段に向上していますし，今後，デジタル教科書が普及していきます。かつての100倍以上の回線速度が保障される必要があります。教育委員会と首長部局のビジョンが試されています。また，個別最適な学びの実現のためには，教育データの利活用は不可欠です。令和５年度からは，個々の自治体が条例等において定めている個人情報保護制度が，個人情報保護法によって全国的な共通ルールによる運用となります。個人情報を合理的に守ると同時に，有効に活用する方向に向かっていきます。過剰な利用規制を積極的に外していくことも大切です。自治体が過剰な情報セキュリティポリシーによって活用しにくいICT環境を整備している場合，教育DXは起こりません。利用に便利さを感じないものは普及しないからです。現在，全国の約８割の自治体が，Google Workspace for EducationやMicrosoft 365 Educationなどのクラウドサービスを活用していますが，クラウド上のドライブ，メールやチャットなどの情報共有機能に過剰に制限をしてしまっている傾向があります。世間で用いられている便利な機能，生活の中で用いている便利な機能こそ，学習の場で利用させてほしいと願います。

（堀田　龍也）

【参考文献】

・自治体DX白書編集委員会（2021）「DXの基本３～デジタル化とDXの違い」（自治体DX白書）
https://dxhakusho.com/855/
・堀田龍也（2021）「初等中等教育のデジタルトランスフォーメーションの動向と課題」『日本教育工学会論文誌』45(3)，261-271
・文部科学省（2021）『全国の学校における働き方改革事例集（令和３年３月）』
https://www.mext.go.jp/a_menu/shotou/hatarakikata/mext_01423.html

CHAPTER2

学校と教育委員会・自治体をつなぐ

教育DX推進事例

1 熊本県高森町 教育 DX を推進する 高森町新教育プラン

地域の特色と取組の特徴

熊本県高森町は県の最東端に位置し，宮崎県及び大分県に隣接する小規模な町です。市街地にある高森中央小学校と高森中学校を「高森中央学園」とし，山間部にある高森東学園義務教育学校を「高森東学園」としてコミュニティ・スクールに指定しています。

高森中央学園はカリキュラムを中心とした施設分離型小中一貫教育に取り組んでおり，現在，施設一体型義務教育学校として開校する計画が進んでいます。高森東学園は熊本県で最初の義務教育学校として平成29年４月に開校し，義務教育９年間を「４・３・２」のブロック制とし，義務教育学校ならではの特色ある教育活動を展開しています。本町は，町を挙げて教育 DX を推進しており，先進地域として全国的に知られています。その成果が認められ，令和３年５月に宮内庁のオンラインによる行幸啓を受け，天皇皇后両陛下に子供たちが ICT 機器を活用して学ぶ姿をご覧いただいたり，本町の教育の成果を紹介したりする機会を得ました。

(1)高森町新教育プランの推進～高森町の教育ビジョン～

本町では，平成23年４月に就任した町長の政策として，全家庭への光回線の整備や主産業である農業の ICT 化など，情報通信基盤の整備がスピード感をもって行われ，現在３期12年が経過しています。その町長の施策を受けて，平成24年３月に「高森町新教育プラン」を策定（平成31年４月第３次改定）しました。

高森町新教育プランは，国際化，情報化，少子化等の課題を見据え，「情報化・国際化への対応」と「ローカルオプティマムとナショナルスタンダードのバランス」をキーワードとし，本町の教育ビジョンであるとともに，教育 DX 推進の根拠となっています。「高森に誇りを持ち，夢を抱き，元気の出る教育」をスローガンに掲げ，コミュニティ・スクールを基盤とした小中一貫教育・ふるさと教育を重点施策とし，以下の４点をねらいとしています。

1　高森の子供たちに「確かな学力」と「豊かな心」を醸成する。
2　高森の地域力を生かした「地域とともにある学校づくり」を推進する。
3　高森町行政と連携した「教育環境の整備」を推進する。
4　高森町教職員の資質を高める「高森町教育研究会の活性化」を図る。

これらのねらいを達成するために，教育委員会では①教育は人なり，②確かな教育ビジョン，

③ビジョンの共有という３つの戦略を立てて，町長の政策に乗り，町議会の支援を受けて教育改革に取り組んできました。各学校では，文部科学省による教育課程特例校や研究開発学校として，国や県の様々な委託事業や研究指定等を受けて新教育プランを推進してきました。特徴的な取組として，コミュニティ・スクールへの取組，英語教育・プログラミング教育を中心とした小中一貫教育の取組，高森ふるさと学を中心としたふるさと教育への取組，そして，教育の情報化への取組等が挙げられます。これらの取組は全国的にも注目を集め，毎年全国各地の学校や教育委員会，議会から多くの視察を受けています。また，海外からの視察もあります。現在の高森町の姿は，学校・教育委員会・行政が三位一体となって取り組んできた成果です。

(2)高森町の教育の情報化

各学校の ICT 環境は，新教育プランのねらいの３点目にある高森町行政と連携した「教育環境の整備」に基づき，平成24年度から段階的に，町内全ての学校を一斉に整備してきました（図１）。校務の情報化を同時に進めていき，教職員・児童生徒１人１台のタブレット端末の導入は平成30年度に完了しています。このように早期から ICT 機器を導入し，授業での活用が進められていたことで，令和２年２月の新型コロナウイルス感染拡大に伴う全国一斉臨時休業時には，全学年でオンライン授業を実施することができました。令和２年度からは主としてクラウドサービスを活用し，授業と家庭学習を連動した「個別最適な学び」と「協働的な学び」の一体的な充実を目指した研究・実践が図られています。

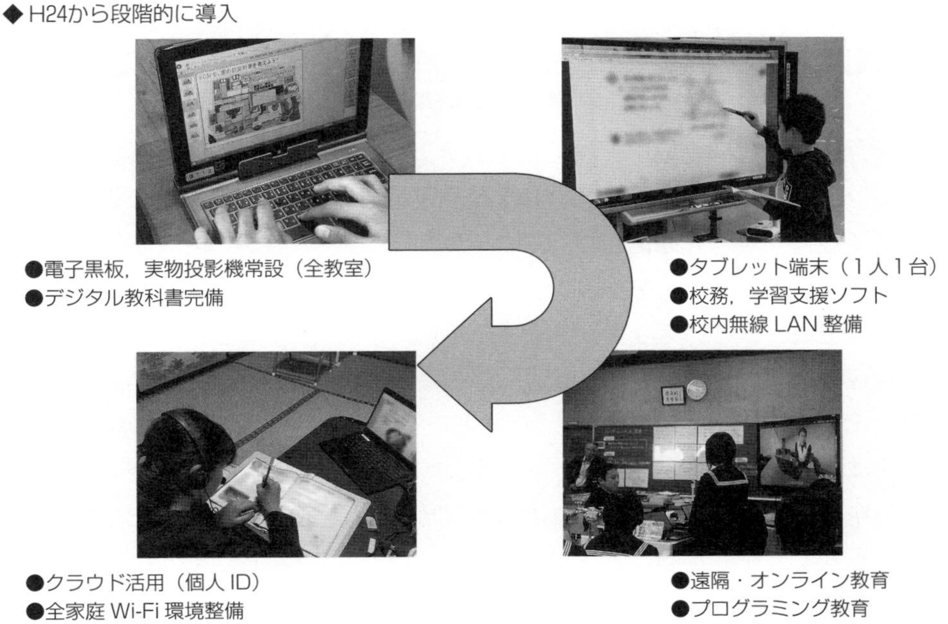
◆ H24から段階的に導入
●電子黒板，実物投影機常設（全教室）
●デジタル教科書完備
●タブレット端末（１人１台）
●校務，学習支援ソフト
●校内無線 LAN 整備
●クラウド活用（個人 ID）
●全家庭 Wi-Fi 環境整備
●遠隔・オンライン教育
●プログラミング教育

図１　教育の情報化に向けた段階的導入

学校の取組

(1)「自立した学習者」の育成を目指した学習モデル

本町では，８年前から課題解決型学習モデル「たかもり学習」による授業づくりを町内全ての学校で共通実践してきました。令和３年度からは，各教科等で身に付けさせる資質・能力の育成及び学習の基盤となる資質・能力の育成を図るために，図２に示す２つの視点を設定して研究・実践を行っています。

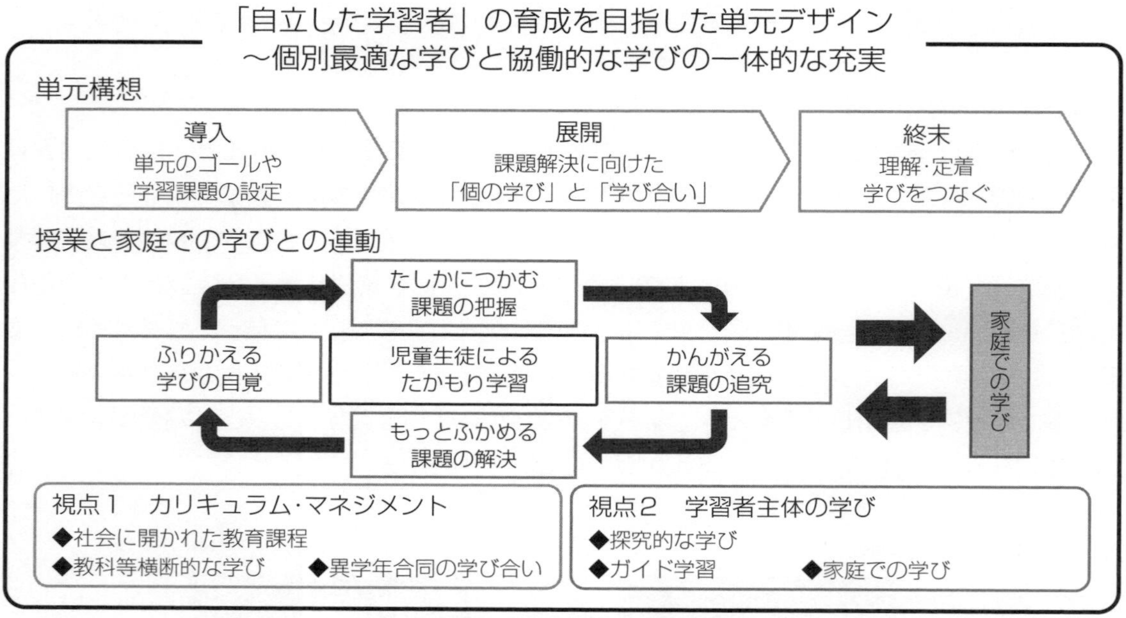

図2　高森町の研究構想図（令和4年度）

１つ目の視点は授業者の立場から設定したモデル図で，「自立した学習者」の育成を目指した単元デザインの構想を図るものです。単元終了時の児童生徒の姿を明確にし，課題解決に向けて各教科等で見方・考え方を働かせ，「個の学び」と「学び合い」を一体的に充実させる学習活動をデザインします。単元を通して学んだことを，次単元につないだり，他教科の学びとつないだり，実生活とつないだりする学習活動の充実をねらっています。

２つ目の視点は，学習者の立場から設定したモデル図で，児童生徒による課題解決学習「たかもり学習」の展開を目指すものです。「たかもり学習」は，１単位時間の課題解決学習モデルとして町全体で共通理解のもと実践してきました。令和３年度には，児童生徒に浸透している「たかもり学習」を，より児童生徒主体の学習展開にしていくためにモデル図の修正を行い，授業と家庭学習とを連動させることをねらいとしています。「たしかにつかむ」では，本時の学習課題を確実に把握し，学習のまとめとの整合性を図ります。そして，課題解決に向けて，「かんがえる」「もっとふかめる」では，個人もしくは集団で課題追究及び課題解決を行っていきます。「ふりかえる」では，これまでの学習や生活経験と重ねて考えたり，新たに生まれた疑問やこれから学びたいことを書いたりする時間を設定し，次時の学習や他教科の学びにつなげていくことをねらいとしています。

(2)授業と家庭学習が連動した新たな学びの展開

ICT 機器を活用して家庭学習を変革することは，「自立した学習者」の育成を図るうえでの重要な柱の一つであると考えています。「個別最適な学び」と「協働的な学び」の一体的な充実を図ることを目的として，児童生徒がタブレット端末を持ち帰り，家庭で活用する実践は今年で6年目を迎えます。各家庭の Wi-Fi 環境が全て整う以前は，写真撮影，オフライン版のドリル学習，レポートやプレゼン作成といった個人での活用が主でした。コロナ禍において，町当局によって全ての児童生徒の家庭に Wi-Fi 環境が整備されました。このことによって，クラウドサービスを活用することが可能になり，家庭学習の質的向上が図られています。また，学習者用デジタル教科書の導入後は，教科書は学校に保管し，必要があればタブレット端末とともに家庭へ持ち帰るようにしています。

現在，クラウドサービスを効果的に活用した授業と家庭学習の連動を町の研究軸の一つに掲げ，全ての学校において研究・実践が行われています。これまで学校での授業だけで「たかもり学習」を完結させることを意識した授業実践が行われてきましたが，現在は単元デザインに家庭学習を絡めた「たかもり学習」を位置付けた実践が積み上げられています。単元及び本時における学習課題を解決するために，家庭学習においても児童生徒が主体的にクラウドサービスを活用して個の学びと学び合いの充実が図られています（図３）。

図3　家庭学習におけるクラウドサービスの活用

個の学びにおいては，個々のペースでじっくり考える時間をもつことができます。学習者用デジタル教科書やインターネットから必要な情報を収集・分析したり，クラウドで共有されている友達の考えを参考にしたりしながら，自分の考えをしっかりもった上で授業に臨むことができます。学び合いにおいては授業時間のみならず，家庭学習においても，児童生徒が主体的に協働制作を行ったり，Web 会議やコメント機能を使ったやり取りが行われたりしており，プレゼン資料などの制作物や課題に対するまとめの質の向上が顕著に表れています（図４）。

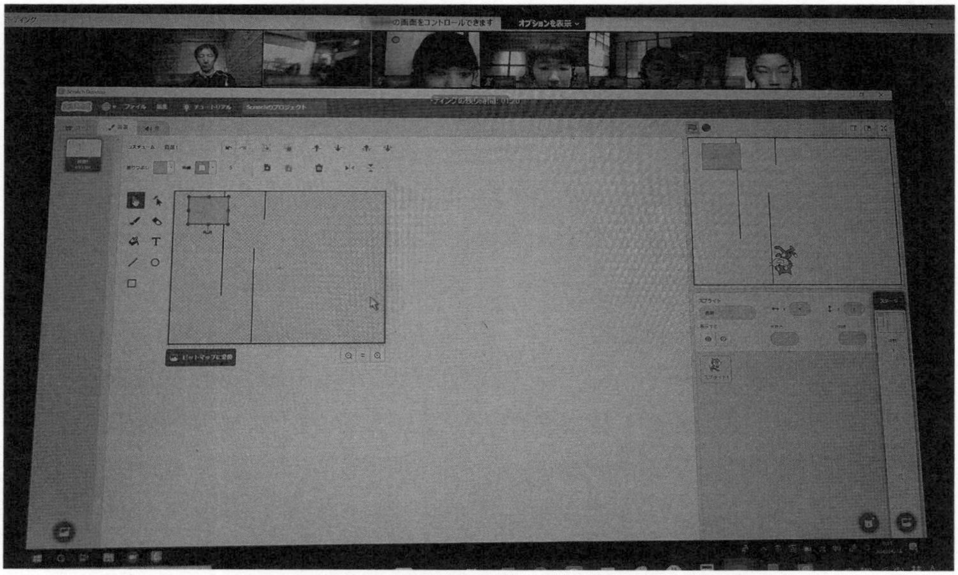

図4　オンライン上でやり取りしながら，プログラミングを学ぶ様子

(3)多様な遠隔・オンライン教育の展開

オンライン授業においては，平成27年度からの６年間，文部科学省の委託を受けて研究・実践を積み重ね，今年で８年目を迎えます。各教科等において，他校との合同授業，外部専門家やALT などの人材を有効的に活用する授業が展開され，その中で目的や意図に応じた計画的・継続的な接続が行われています（図５）。コロナ禍におけるオンライン授業の経験は，黒板の文字の大きさや端的で分かりやすい発問，指示の声など，指導の原点に返る機会となりました。加えて，オンラインで児童生徒総会や集会，PTA 総会などを実施したり，学級通信をデジタル化することで動画が視聴できるようにしたりする取組により，教職員だけでなく，児童生徒や保護者の主体的なICT 活用へとつながりました。また，怪我や病気療養のために長期間学校を欠席することになった児童生徒，不

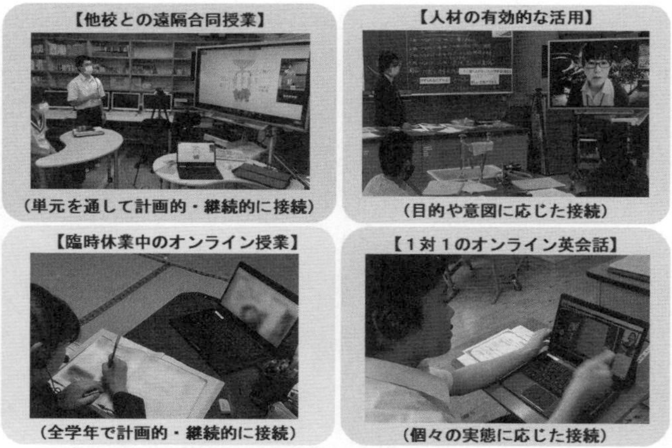

図5　多様な遠隔教育の展開

登校や別室登校の児童生徒の学習の機会を確保するオンライン授業にも取り組むことができています。このように高森町の各学校では，緊急時の迅速な対応や多様な学びの場の提供によって，教育の情報化を加速させることができました。

教育委員会の取組

(1)大学生によるオンライン学習支援

本町では大学生によるオンライン学習支援の取組を数年前から行っています。授業支援としては，主にプログラミング学習が展開されており，この取組によって，児童のみならず教職員にとっても学びの場となっています（図6）。令和４年度は，小学４年生以上を対象とした家庭学習サポートの取組が展開されています。５月から始まった本取組では，各校から参加した児童が毎回楽しみながら主体的に学ぶことができています。さらに大学生による家庭学習支援は夏季休業中にも実施する計画が進められており，児童生徒の新たな学びの姿が構築されるとともに，教職員の働き方改革の観点からも注目すべき取組であると感じています。

図6　大学生によるオンライン支援

(2)「個別最適な学び」～オンライン英会話～

令和２年度からは，小学校６年生以上を対象に，１対１のオンライン英会話レッスンを朝活動や放課後活動の時間に位置付けて実施してきました（図７）。受講費用は全て町が負担し，会話中心の個別レッスンをオールイングリッシュで受けることで，英会話スキルの向上を目指しています。令和４年度からは，受講者自身が好きな時間，好きな間隔で受講できるようにするために，各家庭から受講しています。自ら計画を立て，サイト上でレッスンの予約や問い合わせを行うことになり，家庭学習においても情報活用能力を活かした学習者主体の学びが展開されています。

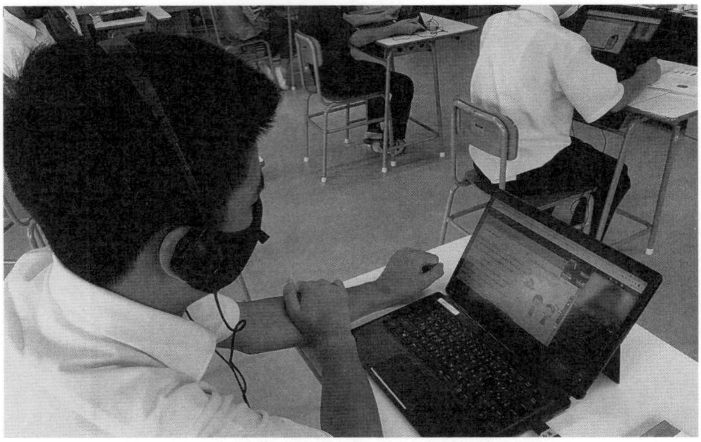

図7　1対1のオンライン英会話

(3) 1人1台端末を活かしたタブレット図書館の実現

本町では，令和2年度から「高森町タブレット図書館」を学校や家庭から活用できるように環境整備を進めてきました（図8）。子供たちはシステム上で電子書籍を借りて，読書活動の時間や休み時間，家庭において読書を行っています。1つの書籍や資料を複数人が同時に閲覧することが可能なため，授業での活用も図られています。令和3年度は，年間約18,000件の閲覧数がありました。この結果を受けて，情報基盤整備が完了している強みを活かし，本年度は町民向けタブレット図書館の運用を開始する計画が進んでいます。

図8　タブレット図書館の主体的活用

DX 推進のポイント

休み時間に教室を覗くと，タイピング練習をしている子供，プログラミングをしている子供，次の時間の説明資料を確認しているグループなど，タブレット端末を主体的に選択・活用している姿がいつも見られます。本町が定めた「タブレット活用のルール」の範囲内で，児童生徒には自由に使用させながら，教師は日常的な情報モラルに関する指導を必要に応じて行っていくことで，児童生徒の情報活用能力の育成を図ることが本町のスタイルです。

本町において教育 DX が推進されてきた要因の一つに，本町の教育に対して継続して指導・助言をいただいている有識者の存在があります。とりわけ中村学園大学教授の山本朋弘氏には，平成24年度から一貫して指導・助言をいただいています。令和３年度からは高森町学校教育推進アドバイザーとして就任いただき，年に数回の訪問支援による教職員の授業力向上，教育委員会に対する指導・助言，国・企業との連携に関する支援等をいただいています。

本町の教育改革の特徴は，最大の教育課題である人口減少社会や価値観が多様化する社会を見据え，「高森町新教育プラン」という明確なビジョンがあることです。加えて，学校や教育委員会だけではなく，町長部局と町議会，そして地域住民ぐるみで町を挙げて取り組んでいくことが，教育 DX を推進するうえで大変重要であると考えます。

国の教育の方向性について風を読み，地方創生の風に乗り，町行政と教育委員会・学校及び地域が一体となって風を興す。本町の教育 DX 推進の取組は，現在，県立高校で初となる高森高等学校のマンガ学科開講の動きにつながっています。令和元年度に，町づくりの一環としてエンタメ業界との連携協定が結ばれ，そのことから地元の県立高校を通して夢を与えようという流れへとつながり，令和３年度に高森町・熊本県教育委員会・県立高森高等学校・株式会社コアミックスによる４者協定が結ばれました。令和５年４月のマンガ学科開講に向けて，４者が連携して着々と準備が進んでいます。

これからも本町は，先進地域として新たな教育の風を興していけるよう，町を挙げて教育 DX を推進していきます。

（佐藤　増夫）

【参考文献】
・文部科学省『教育データの利活用に向けた最近の主な動向』
https://www.mext.go.jp/kaigisiryo/content/20210126-mxt_syoto01-000012380-02.pdf

2 佐賀県武雄市 『令和の「武雄市の学校教育」』と ICT 活用教育

地域の特色と取組の特徴

(1)西九州のハブ都市武雄

武雄市は，佐賀県の西部にある市です。佐賀市と長崎県佐世保市の中間に位置しています。

令和４年９月に九州新幹線長崎ルートが開通し，武雄市は西九州エリアの中心に位置するだけでなく，鉄道や高速道路などあらゆる交通網の結節点として発達していることから，あらゆる方面から人が訪れ，また，人やモノが交流する拠点『西九州のハブ都市』としての存在感が高まっています。

そのような武雄市では，教育・保育施設と学校，家庭，地域が相互に連携しつつ，社会全体で教育的風土の醸成を進めており，令和元年７月には，市長と教育委員会が協議・調整を行い，新しい「武雄市教育大綱」を策定し，心の通った市民総参加による教育のまちづくりを進めています。

武雄市の教育大綱は「組む」の二文字です。基本理念『未来を担うすべてのこどもを主人公に』のもとに，

指針①「地域社会と人づくり」

指針②「こどもにやさしいまちづくり」

指針③「夢の実現と生き抜く力」

指針④「健康で充実した生活」

の４つの指針から成り立っています。

指針③では，先進的な教育の推進として，ICT 活用教育や官民一体型学校の取組等，新たな教育手法も導入し，協働型問題解決能力など，これからの時代に必要なスキルを身に付け，新たな時代を生き抜く力を育成することとし，この目標のもと，教育委員会では，市立全ての小中学校を対象に，ICT 活用教育の環境整備や教職員のスキルアップ等に取り組み，今日の急激な情報化やグローバル化に伴う教育の変化ついても積極的に対応していくこととしています。

武雄市教育大綱

(2)それは iPad から始まった

武雄市では平成21年に市内の小中学校に電子黒板（IWB）の導入を始めました。学校に数台の導入から始めた取組は次第に台数を増やし，平成25年度末には全小学校，平成26年度末には全中学校の普通教室への配備が完了しました。これらの機器は，教材の提示方法をデジタル化したものですが，教師または児童生徒の発表者から，他の児童生徒へ一斉に情報提示する使い方が主で，それまでの OHP（Overhead projector）をデジタル化した活用が主体となりました。

平成22年５月に初代 iPad が発売されます。それまでのコンピュータとは一線を画すタブレット PC という概念は，学校の学びを大きく変化させ得るものではないかという期待をもたせました。同年12月に山内東小学校に iPad40台を導入し，翌年２月には武内小学校も加えた２校で４年生から６年生までの児童に１人１台の iPad を貸与し，授業支援システム，ドリル系ソフトなどを利用しながら，１人１台の端末活用の様々な実証研究を始めました。

(3) １人１台端末の導入

これらの実証研究の結果を踏まえ，平成25年に『市内全小中学校の全ての児童生徒へ１人１台の端末を配布する』と方針を決定し，平成26年４月に市内全小学校の全児童に，平成27年４月には全中学校の全生徒に１人１台の Android タブレットを貸与しました。その後の機種更新のタイミングで一部の端末を Windows に変更していましたが，GIGA スクール構想を受けて，令和２年11月に全小中学生の端末を全て Chromebook™ に更新しました。

学校の取組

(1)スマイル学習（武雄式反転授業）

全児童生徒への学習者用端末貸与にあたり，その活用の手立てについては，武雄市 ICT 教育推進会議でも市内校長会でも様々な議論を行いました。児童生徒が21世紀型スキルを身に付けるための手立てであることが目的であり，決して学習者用端末を使うことが目的ではないとの共通認識のもとに議論を行いました。その結果導入した学びの一つが反転授業（flipped classroom）です。平成26年５月から小学校３年生以上の算数，４年生以上の理科で始めました。その後国語を追加しさらに中学校へと展開を行っていきました。

学校で予習動画をダウンロードした端末を自宅に持ち帰った児童が，動画を用いた予習を行い，翌日の授業では予習してきた内容をグループやクラスで共有することで，発展的な学習に結び付ける学習方法です。

①児童生徒が，より主体的に授業に臨める。

②教員は学習者の実態を事前に把握して授業に臨める。

③授業では「協働的な問題解決能力」を育成する。

の３点を意識して取り組みました。

授業に用いた動画は教員がアイデアを出し，協力企業に作成してもらいました。教員と企業がやり取りを重ね，開始までに単元ごとに数本の動画が完成しました。

この取組を開始するにあたって，親しみやすい呼称を市内の教職員に募集して「スマイル学習（武雄式反転授業）」とネーミングしました。S=school，M=movies，I=innovate，L=live，E=education classroom を略したもので，先生（学校）の動画によって，教室がより革新する授業（学校と家庭がシームレスにつながる学習）を意味したものになります。

しかしその後，教科書改訂などで作成していた動画が授業内容に合わなくなってきたこともあり，ここ数年はスマイル学習への取組が低調になってしまっていました。

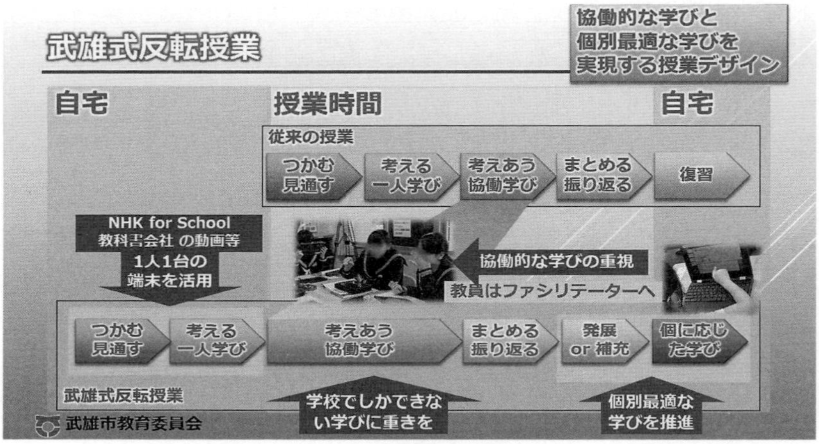

スマイル学習概念図

令和２年度。インターネット環境がない家庭向けに貸し出し用のモバイルルーターを整備し，学校でも自宅でもインターネットに接続して活用できる体制を整えました。そのタイミングでスマイル学習をそれまでの武雄市で作成した動画視聴による学習から，教科書会社やその他の機関からインターネット上に提供されている動画の活用を推奨するとともに，flipped classroom のそもそもの趣旨に戻り動画での学びだけにとらわれず，個人で行える学びは事前に家庭で取り組み，学校では学校でしかできない学びを追求するために，学習者用デジタル教科書の活用や学習コンテンツの活用など，家庭での学びを広く捉えることとし，改めて武雄式反転授業を推進していくこととしました。

２つの取組を簡単に紹介します。

A 小学校は，思考ツールの活用を校内研のテーマとして取り組んでいます。昨年度は思考ツールへの書き込みも授業中に行っていましたが，今年度はオンラインツールを活用して思考ツールへの書き込みを事前に家庭で取り組ませることにしました。授業は個人が書き込んだクラゲ図やフィッシュボーン図などを各人の端末や電子黒板で共有し，協働で学びを深める時間を中心に構成されています。

B 中学校の社会科（地理）でアフリカについて学ぶ場面では，解説動画を事前に視聴してきてその基礎知識をもとに，アフリカの貧困対策について生徒同士がディスカッションする時間を中心に授業が進められました。

その他，学習者用デジタル教科書やデジタルドリル教材などを活用して予習が進められています。

(2) プログラミング教育

全小学生へ端末を導入した平成26年度，IT 企業から提案をいただき，１つの小学校で１年生全員を対象にプログラミングの学習を行いました。その企業が開発していたビジュアルプログラミングを使って担任と開発プログラマーが一緒に年10回の授業を行いました。プログラミングのスキルを学ぶことが目的ではなく，想像力や思考力，そして，何度も試行錯誤しながら作品をつくり上げようとする粘り強い学びを目指した取組でした。10回の授業で児童は，自分が考えたストーリーで小さなゲームを創り上げました。担任と開発のプログラマーは，どのようにしたらよりよい授業になるのかをディスカッションしながら，授業やプログラムの改良を行っていきました。

プログラミング写真

佐賀と東京という距離の問題は，メールを使ったやり取りで乗り越えました。IT に関して特段の知識がなかった普通の公立小学校の担任が，IT 企業のエンジニアとメールでやり取りをしながら授業をつくり上げていったという経験は，担任にとってとても刺激的な経験でした。このときのプログラミングに関する考え方「プログラミングのスキルを学ぶことが目的ではなく，想像力や思考力そして，何度も試行錯誤しながら作品をつくり上げようとする粘り強い学びを目指す」は，その後武雄市のプログラミング教育の柱になりました。そのため，そのとき開発した言語にとらわれることなく，その後様々な場面でいろいろな言語を使って教育活動を行っています。

人型ロボットを各学校に貸し出してもらったときは，その開発言語を使いました。新学習指導要領に合わせて教育向けのマイコンボードも準備して，小学校の理科や中学校の技術で使う場合はその言語を利用しています。

(3)「個別最適な学び」

令和３年１月の中央教育審議会答申『「令和の日本型学校教育」の構築を目指して～全ての子供たちの可能性を引き出す，個別最適な学びと，協働的な学びの実現～』より，新学習指導要領の着実な実施のために「個別最適な学び」と「協働的な学び」を一体的に充実し，「主体的・対話的で深い学び」の実現に向けた授業改善の必要性が示されました。

武雄市教育委員会は，「個別最適な学び」の本質を理解し実践していくために，研究校を指定して研究の実践と市内の学校への啓発に取り組むこととしました。「指導の個別化」については比較的イメージしてもらえましたが，「学習の個性化」をどのように捉え授業に落とし込んでいくのかは，研究２年目の今年度もまだまだ手探りの段階です。

取組について，中学校２年生の英語科の例で紹介します。英語科では単元の導入で，その単元での教材面と活動面での GOAL を示します。また単元を貫く視点について単元開始時点での生徒の考えを引き出します。

Unit2 Food Travels around the World の GOAL は教材面では「日本や外国の料理を知り，異文化の変化や歴史について考える」，活動面では「好きな食べ物やその理由について，紹介文を書くことができる」です。導入の動画を電子黒板か学習者用端末で視聴後，単元を貫く視点の「Food travels around the world. How does it change?」についての現時点での自分の考えをスライドに記入します。この視点についての質問は単元末で再度生徒にたずね，単元を通して自分の考えがどのように深まったのかを生徒自身が実感できるようにします。

次に，各パートでの学習に入っていきます。各パートでは文法事項と本文の内容の読み取りを行います。パート毎に評価基準を示し，生徒は授業前に自分が「この時間で何に取り組みたいのか」「どんな力を身に付けたいのか」をノートに記録しておきます。自分が設定した課題に向けて授業に取り組む姿勢を培いたいと考えたからです。「学習の個性化」への取組の一つと考えています。

スマイル学習も，積極的に導入しています。生徒は家庭で文法事項を説明した動画を自分の端末で視聴し，CBT で確認問題に取り組んできます。問題は自動で採点されますので，間違っていたら再度動画を確認して問題をやり直すことも可能です。

北方中学校

また，本文の音読を宿題に出すこともあります。学習者用デジタル教科書の本文読み上げ機能で読み上げられた本文をリピートしながら音読をします。その後自分が音読している様子を録画してクラウド上の指定したフォルダに提出させます。これまで音読の課題はどのくらいの精度で読んでいるのかの確認が困難でしたが，教師は動画を確認することで生徒一人ひとりの実態を把握することができます。十分でないと判断した場合は，個別に指導を行います。いずれも個人のペースと方法で，目標とする学びの実現に向かう「指導の個別化」の一面です。

授業中は，グループでの学びが中心になります。本文の内容理解の部分では，T or F や Q&A に対してグループで本文中の根拠を示しディスカッションをしながら，個人の端末でクラウド上にあるグループのスライドに書き込みをしていきます。書き込まれた各グループのスライドは電子黒板に一覧表示をして他のグループにも「見える化」しています。他のグループの意見を参考にしてさらに議論を深めさせたい場合は，一覧にしたスライドを各生徒の端末にも配布します。授業後は，自分が設定していた目標に対しての自己評価をさせます。毎時間ごとに PDCA を回していくことで「学習の個性化」に向けた素地を身に付けさせたいと考えています。

一つの単元が終わったら，確認テストを端末のドリル教材で行います。採点結果が表示されますので，十分でなかったと思ったら「フォローアップ問題」に取り組み，できたと思ったら「チャレンジ問題」に取り組むこととしています。「フォローアップ問題」も難しく感じたら，再度解説動画を見ることができるので，個人の理解に応じて単元ごとに学びを修正しています。「指導の個別化」の一面です。

教育委員会の取組

(1)組織体制

武雄市における ICT 活用教育をさらに発展・充実させるため，各学校並びに教育委員会における体制の充実と取組の強化を図っています。武雄市教育委員会は学校教育課の中に「新たな学校づくり推進室」を設け，推進室では主に ICT 活用教育の支援と，官民一体型学校の活動への支援を行っています。室長以下７名体制の職員の中には指導主事と教員 OB の教育監のほか，市長部局の情報担当職員も技術アドバイサーとして併任しています。

教育委員会においては，全ての教職員が不安なく自信をもって ICT 活用教育に取り組めるよう，ICT 活用教育に関する理解や知識，実践力を養成するための研修や学校支援を行うとともに，情報機器や通信設備，教育情報システム，デジタル教材等の情報資産の維持・管理と安全な運用並びに計画的な更新・整備を行っています。また，各学校においては，管理職や情報化推進リーダーを中心とした学校全体での推進体制の強化・充実を図るとともに，校内に組織的な推進体制を構築し，計画的に教育の情報化を推進しています。

各学校の取組状況は校長対象に調査を行い，校長が自校の状況を客観的に把握できるようにするとともに，教育委員会としては学校の不安要素に対して随時，改善・充実に向けた支援を行っています。

(2)研修体制

武雄市では，国における教育改革の取組状況等も踏まえながら積極的に ICT 活用教育を推進してきましたが，現状は学校間や教員間で学習者用端末の活用方法や活用頻度等に差異があり，改善の余地があります。また，学校現場からも，日々の授業や学級活動等，実際の教育活動に即した実践的な活用方法に関する情報の提供と研修を求める声が多くあります。

学校におけるICT活用教育の推進については，GIGAスクール端末活用に関する文部科学省の通知で，教育委員会が主催する研修の充実が求められてもいます。そこで武雄市では，武雄市教員が身に付けるICTスキルを明示し，それを身に付けてもらうために，

・管理職対象の研修

・武雄市に初めて赴任した教員対象の研修

・学校のICT活用を推進していく教員対象の研修

の3つの研修を主催しています。また学校の教育目標や教職員のICT活用力の実態等に応じた出前研修を実施して，校内研修への支援を行い，教職員のICT活用力の向上に努めています。

また，市内全小中学校で年に1回ICTオープンデーを開催しています。市内外へICT活用教育実践の紹介を行い，同時に相互参観による研修に取り組んでいます。

さらに，特定の課題に対して武雄市教育委員会で学校を指定して研究を委嘱し，そのノウハウを市全体に広げたり，他地区で取り組まれている先進事例や授業改善の事例，ノウハウ等を収集・蓄積し，好事例として市全体で共有・展開したりすることで，武雄市の教育レベルの向上につなげようとしています。

(3)教職員への支援

児童生徒が日常的に，学習者用端末やインターネット等を適切に取り扱うためには，知識・技能とともに，正確な情報モラルを身に付けることが不可欠です。学校での情報教育や情報モラル教育を充実するとともに，家庭や地域とも連携し，子供たちが学校外でも安全に安心して学習者用端末を活用できるよう，保護者や地域に開かれた学校づくりに向け，市や学校のホームページ，さらにコミュニティ・スクールや地域学校協働本部を活用して積極的な情報公開を行っています。

武雄市教育委員会では，これまでの取組がさらに充実したものとなるよう，学校と教育委員会とで緊密に連携し，「武雄市教員が身につけるICTスキル」等も活用しながら，教職員のICT活用指導力を向上させていくこととしています。

また，武雄市の教職員が様々な教育情報を手に入れることができるように教職員支援サイト「武雄市教育プラットフォーム」を立ち上げ，ICTを含む教育情報に容易にアクセスできるようにしました。校務の効率化のために，統合型校務支援システムを導入し校務のデジタル化を進めるとともに，授業準備の効率化のために，教員各自が作った教材を共有できるように，クラウド上に「教材BANK」も開設しました。さらに活用の具体的な方法を支援するYouTube™チャンネルを開設し，教職員の自主的な学びを支援しています。

ICT支援員は1校に1名の配置を行っており，ICT活用教育を側面から支援しています。

DX 推進のポイント

(1)オンラインの活用

10年前からICT 利活用教育に取り組んできた武雄市ですが，GIGA スクール構想によって最も変わったことは，家庭でもネットにつながった学びをデフォルトとしたことです。インターネット環境が構築されていない家庭に貸し出せるようにモバイルルーターを準備したことで，オンラインを前提とした家庭学習も可能となりました。さらに，オンライン化することで授業の広がりが見られました。学級での学びに抵抗感があり別室で学んでいる生徒や，登校できずに自宅で学んでいる生徒に対して，授業はオンラインで配信されています。

それだけでなくグループ学習でも，課題のファイルをクラウドに上げることで，教室にいない生徒も，グループの他の生徒と同じファイルにアクセスすることができます。コメント機能などで意見交換をしながら同時にファイルに書き込みを行うことができ，離れた場所にいながらグループ学習が行えています。空間を超え学びを広げることが可能になっています。

(2)スタディ・ログの活用

美術科で作品を創りあげていく過程で，毎時間授業終了時点で写真に収め，その時点での振り返りと次にどのように取り組むかについて記録をさせている先生がいます。一つの作品だけでなくその作品が完成していく過程も記録に残すことで，生徒自身の学びの振り返りと修正につながっています。もちろん評価も多面化します。テストの点数を記録していくことだけがスタディ・ログではなく，学びの多面的な記録を活用することで新しい学びを創造していきます。端末を活用してさらに多面的な記録のやり方について実践を深めていければと思います。

(3)How to に陥らない

ICT の活用を進めようとしたとき，「これまでの授業スタイルは変えずに，端末がその授業の中でどう使えるのか」といった話になりがちです。研修を行うときにも端末の使い方に重きを置いてしまい，How to 研修会になってしまいがちです。「主体的・対話的で深い学び」の実現に向けた授業改善が目的で，そのためには授業スタイルの見直しが避けられないこと，新しい授業スタイルには「ICT の活用が非常に有益であるから ICT の活用を推進している」ことを理解してもらうことが重要になります。

今後も武雄市教育委員会は市内の教員が理念を共通認識できるように取り組み，ICT を活用した教育の改革を進めていきたいと思います。（徳永　貞康）

【参考文献】

・武雄市教育委員会（2020）『武雄市教育情報化推進計画』

・文部科学省（2021）『GIGA スクール構想の下で整備された１人１台端末の積極的な利活用等について（通知）』

3 鹿児島県鹿児島市 新しい価値観に基づく教育DXの推進

地域の特色と取組の特徴

(1)これまでの取組～GIGAスクール以前における環境整備等～

鹿児島市では，鹿児島市長マニフェスト（100項目）を掲げ，その実現に向けて取り組んでいます。その中で大項目「ICTを活用しもっと住みよい鹿児島をつくる」においては，ICT関連産業の振興，DXの推進，行政手続のデジタル化を挙げています。また，教育施策の面でも，「IT関連教育を推進します」「教育に，IT・インターネットを積極的に活用します」といったマニフェストを掲げています。

これを受けて，令和３年度に策定した「第二次鹿児島市教育振興基本計画」においても，変化の激しい社会で児童生徒が成長していくために，個性と能力を伸ばす教育を推進することとし，学校において蓄積された教育実践とICTを効果的に活用した新しい教育技術のベストミックスを図るとともに，児童生徒の発達の段階に応じた情報活用能力の育成を推進していくことを示しています。

KEIネット（鹿児島市教育情報ネットワーク）ポータル

鹿児島市は，これまでICT環境整備に向けた取組を積極的に進めてきており，「GIGAスクール構想」が発表される以前（平成30年）において，政令指定都市及び中核市において最も高い整備率となる児童生徒２人に１台の端末整備を実現していました。また，全ての普通教室に大型提示装置や実物提示装置（書画カメラ），指導者用タブレット，無線LANアクセスポイントの整備も完了していました。これらに加え，市内の学校等の教育機関で利用可能なポータルサイト「KEIネットポータル」も開設しており，当時から現在に至るまで，ICTの利活用に資する様々なコンテンツや情報をワンストップで提供する仕組みを構築してきています。このように本市においては，GIGAスクール構想以前から，計画的，段階的にGIGAスクール構想の実現に向けた環境整備を行ってきています。

(2)県域アカウントの実現とその意義

鹿児島県では，GIGA スクール構想実現に向けて，本市を含め鹿児島県内の全43市町村において，児童生徒及び教職員に同一のドメイン（kago.ed.jp）をもつアカウントを作成し配布しています。このアカウントには，Google Workspace for Education と Microsoft365の教育用ライセンスが紐づき，これらのサービスを利用することが可能です。このアカウントを県内の公立小・中・高等学校の児童生徒及び教職員が利用できることで，次のことが可能となります。

〇児童生徒

・県内において，他市町村に転校しても，新規のアカウント作成等の必要が無く，同一のアカウントを引き続き使用することができる。

・小学校，中学校，高等学校と進学しても，アカウントを引き続き使用することができるため，12年間に渡る学習履歴や成果物のポートフォリオ化が図れる。

〇教職員

・人事異動等の際も，自作の教材等のデータを外部のメディア等に書き出すことなく，異動先でもすぐに利用することができる。

・Google Classroom や Microsoft Teams 等を利用して，県内の教職員との情報交換が容易になる。

〇県及び市町村教委

・GIGA スクール構想実現に向けた研修や情報交換等を県域又は複数の自治体合同による広域で行うことが容易になる。

・単一の自治体でアカウントの作成・削除等の管理を行うよりも，事務作業の効率化が図られる。

県内では３つの OS の端末が混在して整備されていますが，クラウド活用を前提とした環境においては，端末の操作感の違いを除けば，特に大きな問題とはなっていません。GIGA スクール構想実現の目的の一つに，自治体間の格差をなくし，どこでも子供たちが同じ ICT 環境で学べるようにすることがありますが，県域アカウントを配付することで，県内の全ての公立学校の子供たちが活用できる学習プラットフォームを共通化でき，転居等で学校や生活する市町村が変わったとしても，以前の学習履歴を確認できたり，成果物をいつでも参照したりしながら，ほぼ同じ環境で学習を継続していけることは，この目的の実現のためにも，有効な取組だと考えています。

学校の取組

(1)オンライン学習の実施に向けた計画的・段階的な取組と情報発信

鹿児島県において，はじめて「まん延防止等重点措置」が発出された令和３年度９月において，鹿児島市立星峯西小学校では，市の時差登校の要請を受けて端末持ち帰りと学校と家庭をつないで行うオンライン学習の取組を始めました。

同校では，学校全体でのオンライン学習を実施するにあたり，計画的・段階的に取り組んできています。それまでも各教室を Web 会議システムでつないだ児童総会等も行っていましたが，これらに加えて，始業式等をオンラインで行うなど，校内での活用を積極的に行いながら，まず，先行して一部の学級でのオンライン学習を試験的に行ったり，その成果や方法，課題を職員で共有・研修したりしながら，少しずつ他の学級・学年に広げていくことで無理なく，そして，着実に学校全体への取組へとつなげていきました。

家庭への持ち帰りを行う上では，保護者の理解を得ることが重要になってきます。そこで同校では，GIGA スクール構想の意義や目的等から，学校で行っている様々なオンラインを活用した取組や授業の様子に至るまで，学校のホームページなどを活用して積極的に発信しています。このことは保護者だけでなく地域の理解を得る上でも効果的であり，学校の取組推進の後押しにもなっています。また，同校では保護者との連携においても，学校行事のオンライン配信やクラウドサービスによる保護者向けアンケートの実施，学校だよりのオンライン配信，メールでの欠席連絡等の取組を行っており，学校全体の DX 化が図られています。

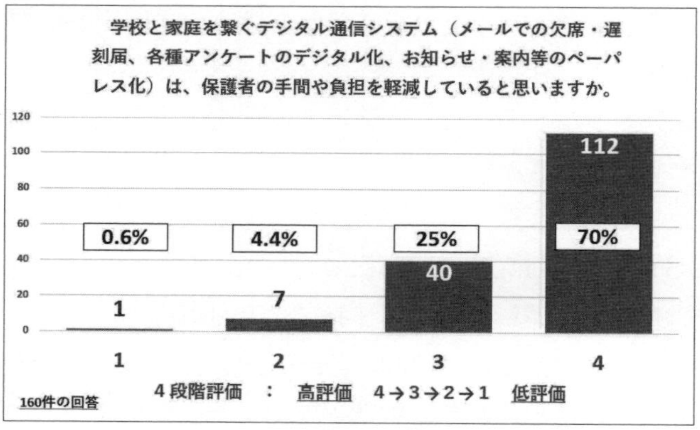

オンラインによる保護者アンケート

(2)授業スタイルの転換～「予習型授業」への取組～

鹿児島市立桜峰小学校では，端末の日常的な持ち帰りを前提に「予習型授業」の実践に取り組んでいます。同校では予習型授業を，「学校で予習課題を得た児童が家庭で課題解決を行い，その結果が妥当なものであるかどうかを翌日学校で検討する。その際，授業の指導過程は『展開』から始まり，『終末，習熟，導入』という過程を経る」と定義しています。

授業の終盤にかけて1時間のまとめや習熟を図った後，その時間の学習の振り返りを行う過程で生まれる課題を家庭で取り組むべき予習課題として，教師が子供たちの端末に配信します。子供たちは，家庭で予習課題に取り組むことになりますが，その過程でわからないことがあると，教師にオンラインで質問することができます。これにより，次時の授業前に，教師は子供たちの理解度をほぼ把握した状態で授業に臨むことができるため，より子供たちの実態に合った授業を行うことができます。また，子供たち一人ひとりの学習履歴等のデータは個別に記録されるため，個に応じた課題設定や評価及び支援がこれまでよりも行いやすくなるという利点もあります。

端末持ち帰りによる家庭での予習

同校が行ったアンケートにおいても，「予習のやり方がわかるようになった」「予習は自分のためになる」と考えるようになった子供たちが大幅に増えたことが明らかになっています。

(3)授業研究のDX化

桜峰小学校では，ICTを活用して授業研究の在り方を大きく転換しています。これまでは，研究授業を参観するために，教師が授業学級に一斉に集まる必要がありました。そのため，全員が参観できなかったり，授業の導入から終末までを全て見ることができなかったりするということがありました。

複数の視点から事前録画された研究授業

そこで，同校では研究授業を，事前に「教師の動きや発問」「子供たちの表情」「ノートやワークシートの記述」などの複数の視点で動画を撮影し，校内のコミュニケーションツールのチャネルで共有しています。そして，それを教師は授業研究の期日までに視聴して，質問や意見をアンケートフォームで送信した上で授業研究に参加します。このことで，協議が活性化することに加え，何度も繰り返して動画を確認でき，多様な意見が出されるようになりました。

このように同校では，授業研究は全員で一斉に見てその直後に授業研究を行うといった既存のスタイルから，より分析的な在り方へと転換しています。

教育委員会の取組

(1)情報交換活性化のための水平型コミュニティ

これまで学校への情報の伝え方は，教育委員会から学校管理職へ，管理職から教職員へといった垂直型コミュニティによるものが大半でした。垂直型コミュニティは確実に情報を伝達するのには効果的・効率的ですが，どうしても一方向的になりやすく，互いが知りたい情報をスムーズに共有したいときには不向きです。

ICT 活用の取組において学校ごとに違いや差が生じる理由の一つに，活用の仕方やトラブル発生時の対応等について，気軽に聞ける職員が校内にいないということが挙げられます。トラブルの解決法を知るすべがない場合は，どうしても授業で ICT を利用することに対して不安を感じ，活用が進まないことになります。そこで，本市では学習プラットフォーム（Microsoft Teams）の機能を利用して「鹿児島市 GIGA スクールフォーラム」というコミュニティを開設しました。そこでは，「トラブル解決法」「アプリの便利技等」「県域アカウントについて」「情報モラル教育」「プログラミング教育」など全部で14のチャネルを設定しています。

水平型コミュニティ「鹿児島市 GIGA スクールフォーラム」

このコミュニティの特徴は，市内の教職員であれば誰もが参加でき，役職等に関係なく気軽に投稿や質問等を投げかけることができることです。ICT 活用や情報教育等に関する先生方からの質問に対し，教育委員会だけでなく，市内の先生方が回答や解決策を投稿してくれます。このことで，より迅速かつ具体的な問題解決につながるとともに，それを教職員間で共有できるようになっています。また，教育委員会としては，学校現場で起きている様々な課題やトラブル，要望などを知ることができ，これらに対する迅速な対応を行うことができるようになりました。また，先生方による ICT 活用の小技（Tips）などの情報提供や「席替えを効率的に行うための Excel シート」などの教材等の共有も行われています。

このように教育委員会と先生方を双方向につなぐ水平型の情報交換が図られています。

(2) 迅速なトラブル対応～ネットワークの常時監視と遠隔での対応～

クラウド・バイ・デフォルト（クラウド利用が前提）の環境では，ネットワークの安定が重要となります。そこで教育委員会では，各学校のネットワーク状況を表示したモニターにより常時監視を行っています。アラート（警告）が表示された場合やトラブル発生時には学校からの連絡を待つまでもなく，教育委員会側で速やかにトラブルの解消に向けた対応を始めるようにしています。各学校に設置されている無線 LAN アクセスポイントについても教育委員会で集中管理しており，状況に応じて原因の特定や機器の状況の確認をし，設定の調整や変更を遠隔操作によって行っています。

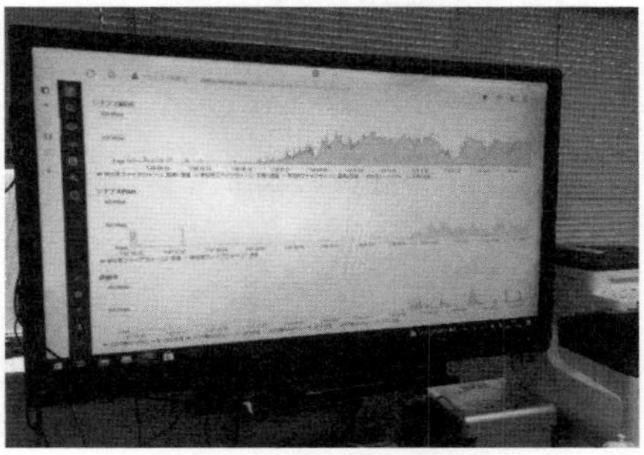
ネットワークの常時監視

また，端末のトラブル発生時や管理者権限による設定等が必要な場合においても，教育委員会から校務用コンピュータや児童生徒用端末を，リモート操作することによって支援を行えるようにしています。これらに加えて，様々な学校からの問い合わせに対しては，教育委員会に常駐している専門のシステムエンジニアや ICT 支援員及び指導主事が随時対応することで，学校での活用推進のための切れ目のない支援に努めています。

(3)「プログラミング出前授業～大学との連携～」

本市では，小・中学校におけるプログラミング教育の推進のため，小学校及び中学校それぞれの学習内容に即したロボット型のプログラミング教材を全校に整備しています。その一方で，プログラミング教育の推進と指導支援のために，平成28年度から，鹿児島大学と連携した「プログラミング出前授業」を，市内の小・中学校で実施しています。

プログラミング出前授業

出前授業では，単に同一の内容を行うのではなく，事前に各学校の状況や要望等を聞いた上で，「Scratch」を利用したビジュアルプログラミングによる簡易なゲーム作成を行ったり，ロボット教材に想定した動きをさせるためのフィジカルプログラミングを行ったりするなど，校種の違いや学校のニーズに応じた内容の出前授業となるように努めています。

（Scratch は，MIT メディア・ラボのライフロング・キンダーガーテン・グループの協力により，Scratch 財団が進めているプロジェクトです。https://scratch.mit.edu から自由に入手できます。）

DX 推進のポイント

(1)教員研修の DX

教員研修は，１か所に集まって１度限り，といったこれまでのスタイルは，オンラインの活用が進む中で大きく変化しつつあります。本市は南北に長く，もし集合研修を行う場合は研修会場との往復に２時間近くかかる場合もあります。そこで，現地でのハンズオン（体験的）の活動が必要なものを除き，オンライン及び集合研修とオンラインのハイブリッドによる研修を行っています。その際には原則，録画を行い教職員のコミュニティ「鹿児島市 GIGA スクールフォーラム」にアップすることとしています。

これにより，参加できなかった教職員は時間・場所を問わず，いつでもオンデマンドで研修を視聴することができ，校内研修の際にも利用されています。また，リアルタイムで参加した教職員にとっては，研修の振り返りや学び直しにも利用することができます。

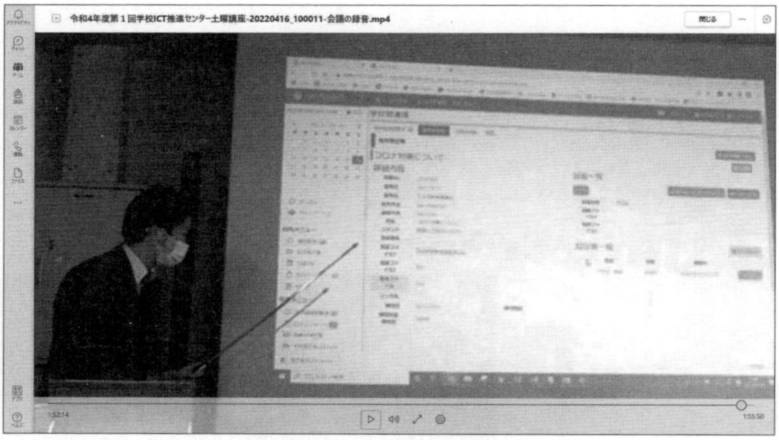

ハイブリッド型研修のオンデマンド配信

このように，本市では教員研修はいつでも，どこでも，何度でも参加できるものに転換してきています。

(2)「学習データ」の利活用

これまでの指導は，教員一人ひとりが，それぞれ身に付けてきた教育技術とそれに裏付けされた経験と知見に頼って行われてきた部分が大きかったといえます。これらは，GIGA スクール構想の下でも重要であることは変わりません。しかし，ICT のもつ記録・保存・集計・分析に長けているという特性は，教師の指導を，これまで以上に根拠に基づくものにするための強力な支援となります。

具体的には，学習プラットフォームや授業支援システム，学習 e ポータル，デジタルドリル等のシステムによって得られた児童生徒の個別データや学習成果物をもとにして，より正確に児童生徒の学習状況や習熟度等を把握・評価することができるようになることで，個別に最適化された学びの保障や支援が可能になります。児童生徒にとっても，自己の学習状況を客観的に把握することができるようになります。実際にデジタルドリルに取り組んだ子供からは「自分の苦手な部分がよくわかるようになった」という感想が聞かれるようになっています。

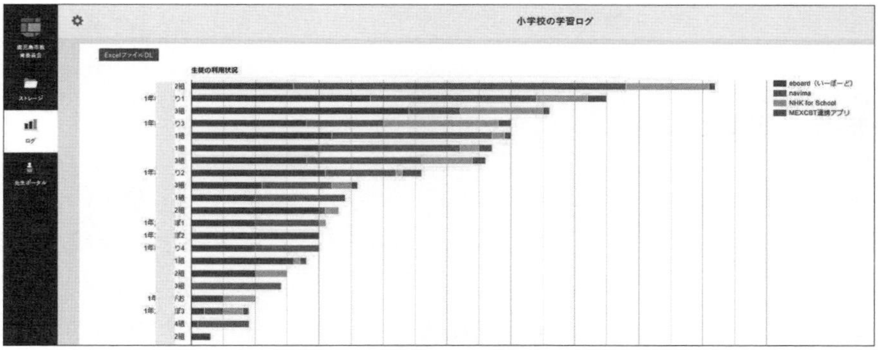

学習 e ポータルによるアプリの使用状況ログ

(3)「授業観」や「マインドセット」のチェンジ

教育 DX は，これまで紙で配布していたものを PDF にして配布するといった単に ICT に置き換えることを指すものではありません。学校の環境がこれまでとは一変し，子供たち一人ひとりが情報端末を自由に駆使して学習に生かすことができるようになった現在では，授業そのものの考え方や教師一人ひとりのマインドセットも大きく転換する必要があります。

例えば，教師は子供たちに対し，よりわかりやすく質の高い授業を目指して，プレゼンテーションソフトや指導者用デジタル教科書，Web コンテンツ等を大型提示装置に投影する，といった授業風景は既に日常的になっていますが，その一方で，子供たち自身が授業における学習課題や自己の問題解決を目指して，自身の端末を主体的に活用しながら対話的・協働的に学びを深めていく，という点においては，各校でそれぞれ取組が進められているとはいえ，まだ十分といえる状況ではありません。

令和の日本型学校教育においては，子供たちが端末の活用を「当たり前」のこととし，児童生徒自身が ICT を自由な発想で活用するための環境整備や授業デザインが必要だとされています。そのためには，端末の利用に関しては一定のルールのもとで，いつでも手の届くところにあり，教師の指示の有無に関わらず，子供たち自身が必要だと思うときにはいつでも使うことができるような環境を保障しておくことが重要だと考えています。新たな価値に基づく授業観により，これまでの学習プロセスを見直し，本当の意味での学習者である子供たちを主体とした教育 DX と呼ぶべき新たな授業デザインに，リモデルしていくことが，導入期を過ぎた GIGA スクール構想の次なるフェーズとして求められているのです。

（木田　博）

4 宮崎県西米良村
学校用と家庭用１人タブレット２台を活用した教育の情報化の推進

地域の特色と取組の特徴

宮崎県児湯郡西米良村は，熊本県と隣接する九州山地の中山間地域で，人口1000人あまりの県内最少人口自治体です。村内には村所小学校（児童数65名）と西米良中学校（生徒数31名）があり，１小１中のへき地校となっています。

これまで学校教育においては，「西米良だからできる教育，西米良だからやらなければならない教育」として，ICT を効果的に活用した学習指導法の研究を行ってきています。その中でも，平成29年度から「教育の情報化」研究公開を毎年実施し，県内外に研究成果を発信しています。また，社会教育においても，放課後子供教室におけるプログラミング教室，中学生を対象にしたオンライン村営塾の運営など ICT を効果的に活用した取組を行ってきています。こうした取組の成果として，令和３年度には，日本教育工学協会による「学校情報化先進地域」に県内ではじめて認定を受けるなど，さらなる取組の深化に向け，研究を推進しています。

本教育委員会では，教育情報化の推進ビジョンの基本目標を以下とし，４つの基本方針を掲げ，教育の情報化を推進しています。

(1)基本目標

「ふるさと西米良を愛し，豊かな国際感覚をもち，確かな学力と豊かな心を身に付けた，自分に自信と誇りをもって社会に貢献しようとする気概のある子ども」を育成するために，教育活動における ICT 機器の効果的な活用を図るための取組を恒常的に推進し，教育の質を向上させる。

(2)基本方針

〈基本方針１〉児童生徒の情報活用能力を育成する。

必要な情報を主体的に収集・判断・処理・編集・創造・表現・発信・伝達できる能力等を育成するとともに，情報モラルに配慮できる人材を育成する。

〈基本方針２〉個別最適で協働的な学びを実現する。

遠隔授業や協働的な学びを通して，複雑な社会的な課題を解決できる力を育むとともに，AI ドリルを活用して，習熟度に応じた学習の充実に努め，学力向上を図る。

〈基本方針３〉

ICT を効果的に活用し，主体的・対話的で深い学びを実現し，「わかる授業」を実践する。教員の ICT 活用指導力を向上させ，効果的な ICT 活用により授業を改善し，「わかる授業」を実践し，教科目標，単元目標，本時目標の達成につなげる。

〈基本方針４〉

情報セキュリティを確保しながら校務の情報化を更に推進する。教員の校務負担を軽減し，児童生徒と直接関わる時間や授業の質の向上に費やす時間を増やして，学校全体の教育力向上につなげる。

学校の取組

学校教育においては授業支援ソフト，Microsoft Teams，Google Classroom，AI 型ドリルなどを活用して，「個別最適な学び」と「協働的な学び」の実現に向けて実践研究を深めています。

(1)小学校の取組

①２年学級活動「食事のマナーとはしの持ち方」〈動画比較〉

導入の場面で電子黒板を活用し，はしの使い方や持ち方のクイズを示し，児童の興味関心を高め，本時の課題意識を高めました。

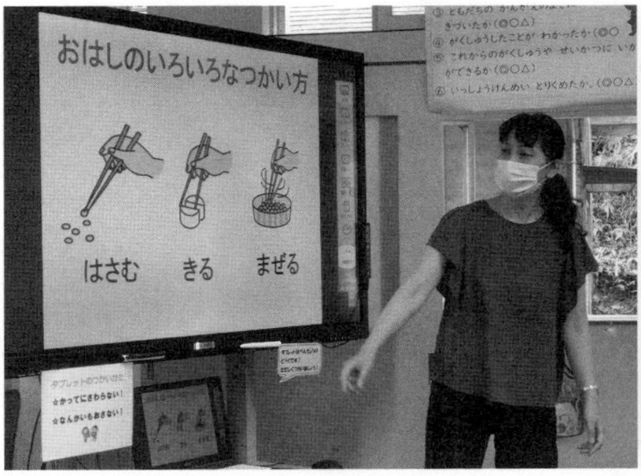

説明画面

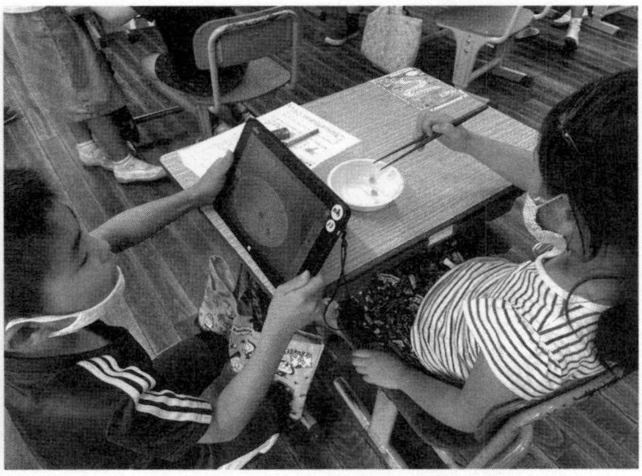

タブレット撮影の様子

展開場面では，ペアになって，はしの持ち方や大豆をつかむ様子を動画撮影し，動画比較やスロー再生することで，自分のはしの持ち方を確認することができました。

②５年社会科「自動車工業のさかんな地域」〈Google フォームの活用〉

本学習においてGoogleフォームを活用し，指導と評価の一体化につながる取組を行いました。

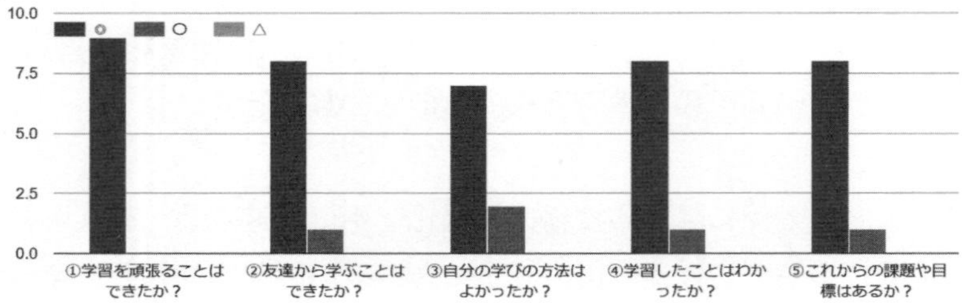

振り返りシート

終末段階で事前にGoogle フォームで作成した振り返りシートに，各自がタブレット上で自己評価を記入します。集約した結果が即時にグラフ化されるため，少ない時間で本時の評価に役立てることができます。

また，次時への課題につなげたり，次時導入時で前時の振り返りを生かしたりすることもできるため効果的です。

授業の様子

(2)中学校の取組

①全校生徒「生徒総会」〈Microsoft Teams の活用〉

委員会活動において，会議の効率化やペーパーレス化を図るために，主にMicrosoft Teams を活用しています。また，生徒総会に向けての学級討議では，話し合った内容についてTeams に投稿したWord 文書を共同編集することにより，記録や進行の効率化を図ることができています。生徒会スローガンの達成に向けた具体策を検討する場面では，異学年集団による話合い活動を行うツールとして，SKYMENU を活用しています。

②３年理科「酸・アルカリと塩」〈Google Classroom の活用〉

授業の効率化と生徒への効果的な支援を目的に，Google Classroom を活用しています。

課題解決の場面では，意見の共有を容易に行うためにGoogle Jamboard™ を活用し，意見の妥当性に応じて付箋の色を変えたり，イオンのモデルを移動させたりする場面で非常に効果的でした。

習熟の場面ではGoogle フォームを活用し，自動採点により瞬時に理解度を把握できるようにし，確実な学びの習得を図りました。振り返りの場面では，Google スライド™ を活用し，ポートフォリオ形式による自己成長の自覚や意欲付けなどを行いました。またコメント欄を設け，教師が一人ひとりにアドバイスができるような工夫も行っています。

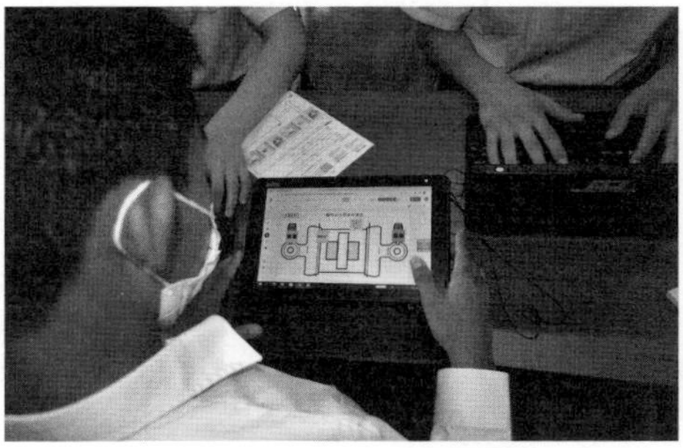

Google Jamboardの活用

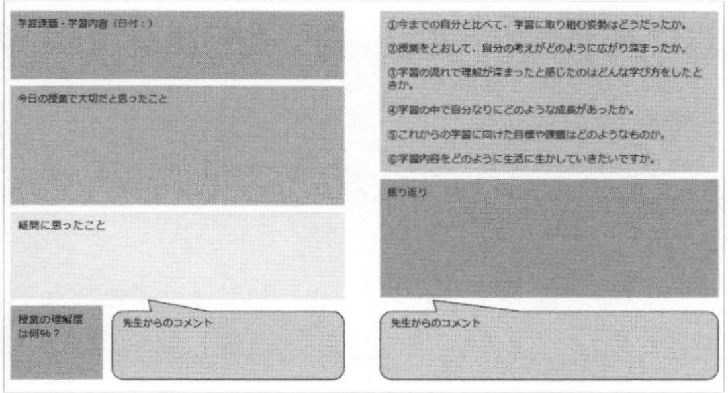

Google スライドの活用

(3)OJTによるICT活用研修

①ICT機器操作研修

転入教員が新学期からICTを活用した授業が実施できるようにするとともに，スキルの面で不安にならないように，年度当初にICT操作研修を行っています。また，長期休業中には，新しいICT機能についての研修を行い，教員間での学び合いの時間を設けながら，スキルアップを目指しています。

②5minutes talk（5ミニッツトーク）

毎週月曜日の放課後連絡会の後，5分間グループ内でのICTに関する情報交換の場を設定しています。普段の授業で困っていることや，使ってよかったアプリ等を気軽に話し合える場となっています。

③小中合同授業研究について

年2回（6・9月）に小中合同研究会を兼ねて，授業研究会を行っています。各校の授業づくりの工夫や児童生徒の実態等を共有するだけでなく，事後研究会では，学校の枠を超え，意見を交わす場となり，有意義な授業研究会となっています。

④相互参観授業

小学校では6月に「相互参観授業週間」を設定し，各自の授業を公開することで授業改善や研究推進に生かすようにしています。また，自己研鑽の機会ともなり，個人の授業力の向上に役立っています。

⑤模擬授業研究会

各校にて，研究公開及び全国大会等の授業者が，学習指導過程や発問など実際の流れで模擬授業を実施し，実践力の向上に努めています。

教育委員会の取組

本教育委員会では，主にICT環境の整備・充実，「教育の情報化」推進のための研究体制の構築，「社会教育における情報化」の推進をポイントにおき，教育の情報化を推進しているところです。

(1)ICTの環境の整備・充実について

本村では，平成24年度からICT環境の整備を進め，小中学校全教室に書画カメラ，電子黒板を設置し，平成28年度，全児童生徒１人１台のタブレットを導入し，デジタル教科書や授業・学習支援ソフト，校内ネットワークの整備を進めてきました。特に，令和２年度には新型コロナウイルスによる臨時休業中，タブレットを活用したオンライン授業に取り組み，児童生徒の学びを保障することができたことは大きな成果です。

令和３年度には，学校用・家庭学習用のタブレット１人２台体制としました。学校と家庭の学びをつなぎ，「個別最適な学び」の実現と「協働的な活動」の充実をさらに推進し，児童生徒の情報活用能力のさらなる充実を図っているところです。特に「個別最適な学び」の方策の一つとして，AI型ドリルを導入し，児童生徒一人ひとりに応じた学びに対応しています。

また，全学校の校舎内外にWi-Fi環境を整えており，また，全教室においても，大型電子黒板，書画カメラ，教師用PC等を配備するとともに，デジタル教科書や学習支援ソフトを活用し，ICTを効果的に活用した授業改善を図っています。

校務支援システムは，本年度，県教委から全県下統一したシステムが導入されており，本村でも「校務支援システム説明会」を実施，各学校において諸表簿整理など，校務の効率化が進んでいます。また，校務支援システムに関わるトラブル対応など，本委員会が随時，学校を訪問し対応しているところです。

(2)「教育の情報化」推進のための研究体制の構築

本村では，「西米良村教育研究会」が設置されており，９か年を見通した小中連携した実践的な研究に取り組んでおり，平成29年度から「教育の情報化」研究公開を毎年実施しています。令和２・３年度はコロナ禍のため，ライブ配信による研究公開を実施し，多くの県内外教育関係者からの意見等をいただき，各学校の授業改善に生かしているところです。

①「西米良村小中合同研究会」の設置

教育委員会では各小中学校全教職員で構成される「西米良村教育研究会」を設置し，９か年を見通した小中連携した研究体制を構築しています。会長を西米良中学校長，副会長を村所小学校長とした主体的な研修の充実を図るとともに，教育委員会のリーダーシップのもと，研修会や研究公開等に積極的に関わり，教職員の資質向上を図っています。

②学校のICT化サポート体制

村教育委員会教育長を「教育CIO」とし，小中学校校長を「学校CIO」として，教育の情報化推進計画，職員研修の企画・運営，環境整備等の計画を立案しています。また，ICT支援員と学校CIOが連携し，具体的に授業場面，その他の場面でICT活用の最適化について協議し，日常実践につなげています。

③ICT支援員による支援

民間企業のICT支援員が週1回小中学校に来校し，児童生徒のICT活用操作の補助や教職員へのサポート等を行っています。また，毎週水曜日に実施している放課後子供教室のプログラミング教室の支援も行っています。

④校務の情報化

Microsoft Teamsを活用し，職員間の文書の共有化，職員会議でのペーパーレス化，研修等での共同作業，欠席状況の把握など，学校と教育委員会が情報を共有化し，効果的に業務が遂行できるような工夫をしています。

(3)社会教育での活用事例

社会教育においても，小学生を対象にした放課後子供教室や中学生を対象にしたオンライン村営塾において，ICTを活用した事業を展開しています。

①放課後子供教室におけるプログラミング教室

放課後子供教室の中で，週1回学校の図書室において，プログラミング教室を実施しています。令和元年度から，教育委員会職員が講師となり，プログル，Scratch，LEGOロボットなど，発達の段階や能力を考慮し，段階的にプログラミング教室を行っています。

社会教育での活用

②村営塾におけるオンライン授業の展開

本村は，中学生の学力向上を図る目的で，村営塾を運営しています。平成28年度から民間企業と連携し，外部講師によるオンライン授業で，数学と英語を年間40日程度実施し学力向上の一助としています。

DX 推進のポイント

(1)「個別最適な学び」の実現のための取組

① AI 型ドリルの活用

現在，本村では，AI 型ドリル Qubena を導入しています。Qubena を家庭学習や授業の習熟・発展の時間に行うことで，児童生徒個々のつまずく原因となっているポイントを特定したり，基礎から応用まで様々なレベルに合わせた学習を行ったりすることができます。

能力の高い児童生徒は，次単元や次学年の内容に取り組んでいます。

家庭での AI ドリル活用

特に小学校では，1校時までの朝の時間に5分間 Qubena を行う時間「メラメラタイム」を設けています。登校後は各自でタブレットを机上に置き，時間になると児童が自分からヘッドセットを取り出し，現在学んでいる単元についての確認をしたり，自分の苦手なところを中心に復習したりする姿が見られます。

② AI 音読の取組

小学校では，家庭での音読練習に関して，Microsoft Teams を活用して「AI 音読」を行っています。また，中学校では，英語科における発音の練習，音楽科における音程確認などに，Microsoft Teams の AI による自動採点機能を活用しています。

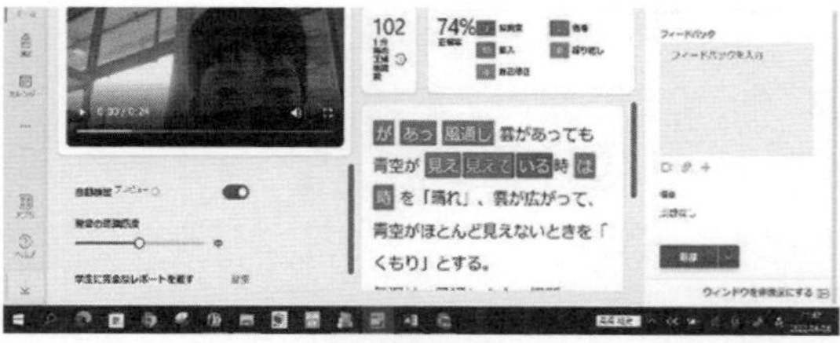

AI 音読の様子

自分の「誤発音」「省略」「挿入」といった読み方の技能が明確に数値化されるため，児童生徒は音読に対して意欲をもって取り組むことができています。また，繰り返していくことで，「誤発音」「省略」「挿入」「繰り返し」「自己修正」といった項目の中から，自分の弱点はどこなのか把握することもできます。

(2)学校での学びと家庭での学びのシームレス化

①学校と家庭での学びの連続性を意識した授業スタイル

本村では全ての児童生徒に対して，１人につき２台（学校用１台，家庭用１台）のタブレット端末が貸与されています。この２台のタブレットを活用し，家庭学習と学校での授業をつなぎ，学び続けることができる環境整備がなされています。本年度から本村では，学校での学びと家庭での学びをつなぐ「コネクト学習」という取組を行っています。

②コネクト学習について

本村では，学校での学びと家庭での学びを効果的につなぎ，児童生徒の学びが寸断されることなく，連続した学びとして展開できるように，３つの視点から「コネクト学習」の研究を進めています。

まず，１つ目の視点は，前の時間の学びと次の時間の学びを，連続した学びとして捉えるコネクト学習の在り方です。前時の終末に，次の時間の課題提示を行い，家庭学習で動画等を視聴し，自分なりの課題設定をし，次時の授業ではすぐに「協働的な学び」ができるような学びの在り方を研究しています。

２つ目の視点は，児童生徒の興味・関心に合わせた学びの追究です。授業中に興味・関心をもった事項を家庭学習で発展的に調べる並行学習的な取組です。

３つ目の視点は，授業で学習した内容を，家庭学習でより習熟・補完するような取組です。

この３つの視点から，学校での学びと家庭での学びを連続，融合させ，より主体的で深い学びにつなげていきたいと考えています。

本村のこれまでの取組により，いくつかの成果と課題が浮き彫りになってきています。

まず，成果としては，全ての児童生徒１人２台体制のタブレット環境を生かした，学校と家庭の学びのつながりを生かした学習が展開できていることにあります。また，それによって，効果的・効率的な学びが生まれ，学びの個性化や「協働的な学び」による主体的で深い学びへの第一歩を歩み出すことができているような気がしています。

一方，課題としては，やはり教職員の研修の推進です。へき地校ということもあり，数年で職員が入れ替わる状況から，組織的・計画的な研修の在り方について今後も検討していきたいと考えています。また，より ICT 活用を推進していくために，大容量情報インフラの環境整備が必要不可欠です。これらの課題を少しでも解決し，今後もさらに教育の情報化を推進し，児童生徒の豊かな学びの実現に向け努力していきたいと思います。

（古川　信夫）

5 福岡県うきは市
学校間格差なく「チームうきは」で取り組む情報化の推進

地域の特色と取組の特徴

(1)地域の特色

うきは市は，福岡県の南東部に位置しており，豊かな自然を生かした果樹栽培が盛んで年間を通して四季折々の果物がとれる「フルーツ王国」として知られています。小学校７校，中学校２校，人口は約３万の市です。また，うきは市を通る久大本線は「ななつ星」のルートにもなっています。さらに，アメリカの大手ホテルチェーンの「マリオット・福岡うきは」が開業予定です。

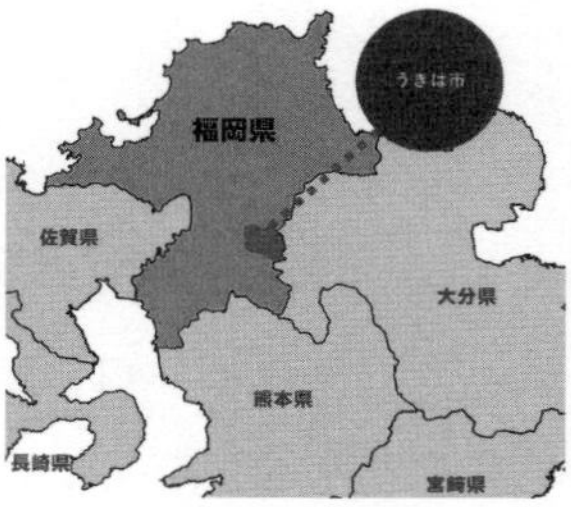

うきは市の位置

本市は，平成17年に浮羽町と吉井町が合併し，うきは市となりました。合併10年を期に新しいうきは市づくりの施策として「うきは市ルネッサンス戦略」が作成され，その施策の１つとして情報化があげられました。「地方にいても都会と同じ教育を」「自然豊かな環境で，豊かな学びを」とのことで，教育の情報化に力点をおいて進められています。

(2)取組の特徴

平成27年度の第１期うきは市ルネッサンス戦略に，「うきはっ子　夢・学力向上プロジェクト」の一文が記載されました。このルネッサンス戦略を受け，うきは市教育大綱の中に，「IT社会に対応できるようにICT機器の整備を進めます」と示されました。具体的には「うきは市教育情報化推進計画」で，「物的環境」「人的環境」「組織」の３点から整備を行いました。

「物的環境」として，

・セキュリティ…学習系と校務系の回線分離
・Wi-Fi環境…学校内のどこからでもつながる無線LAN環境
・タブレット…児童生徒数の１／３数，学習に関わる教師数分を配備
・ノートPC…学習用として小・中学校の普通教室に１台配備
・大型提示装置…小・中学校の普通教室に50～55インチテレビの配備
・書画カメラ…小・中学校の普通教室に１台配備
・学習支援アプリ…協働学習ツール，クラウドサービスドリル等

・デジタル指導書…小学校（４教科），中学校（５教科）
・校務用 PC…校務用として職員１人１台配備
・校務支援ソフト…校務支援システム導入
「人的環境」として，
・業者契約…学校１校あたり１学期２回～３回（１日常駐）
「組織」として，
・PC 入替委員会…教育委員会（教育長，課長，係長，係，指導主事），小・中学校代表（校長，教頭，職員代表），教育センター（指導主事）
・アプリ検討委員会…教育委員会（課長，係長，係，指導主事），小・中学校代表（校長，教頭代表），各小・中学校 ICT 担当，教育センター（指導主事）

うきは市全体の取組として，まず，ICT 教育への理解を深めてもらうため，全教職員及び保護者や教育関係者への啓発を目的としたパンフレット「うきは市の ICT 教育」を作成しました。この中で，学習環境，学び方，教師の働き方が変わることを挙げています。

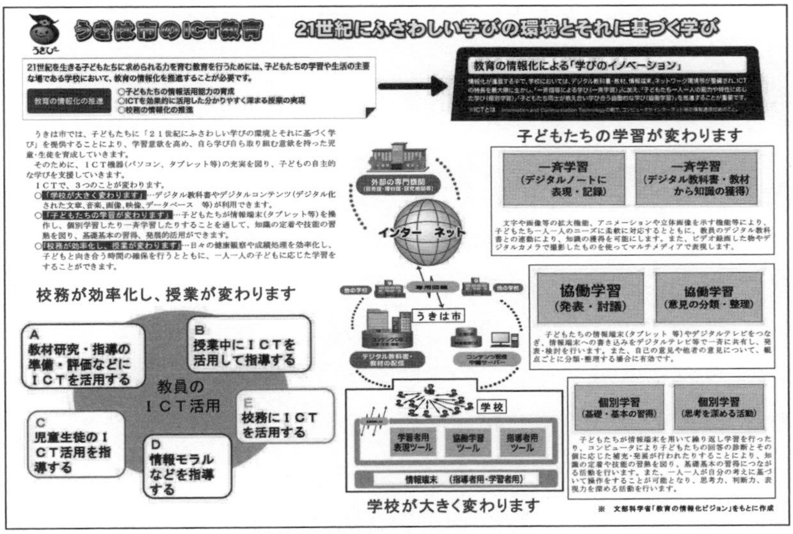

啓発のために作成したパンフレット

(3)環境整備

令和２年度からスタートした GIGA スクール構想の実施により，さらに充実した教育の情報化を進めました。具体的には，児童生徒及び学習に関わる教師１人１台端末の整備，10G 対応の無線 LAN 環境の整備を行いました。特に，学習系は子供たちの学習の充実を図るために国の推奨する直接学校からのインターネット接続に，校務系はより安全なセンター管理にしました。また，働き方改革を視野に入れ，教師１人１台 PC の整備，校務支援ソフト，学校グループウェアの導入等を行いました。

学校の取組

(1)小学校の実践

外国語科「What country do you want to visit?」(協働学習ツール～スライドショー～)の実践です。教師の例示をもとに自分の行ってみたい国の紹介をする学習を行いました。

紹介するものは，①国名 ②行ってみたい町 ③食べてみたい料理の３つです。児童は，協働学習ツールを使って意欲的に紹介文を作成します。行ってみたい国の情報をインターネットで検索し，学習ツールのカードに 写真を取り込んだり，言葉を書き込んだりしてスライドショーを作成します。できあがったスライドショーを班で発表し合い，友達の意見をもとに作成したスライドショーをよりよいものにつくり直していきます。

Let’s go to Mexico.【①】
You can go to Mexico city.【②】
You can eat tacos.【③】
①
②
③
例示をもとに自分の行ってみたい国の説明

最終的にスライドショーを提出箱に提出し，全体で意見交流を行います。

(2)中学校の実践

社会科の歴史的分野「社会の変化と幕府の対策」(協働学習ツール～データチャート～)の実践です。享保の改革をテーマに３人の改革に関わった人物を取り上げ，「誰」が「誰に対して」を，ロイロノート・スクールを活用してまとめることで，改革のねらいや成果，課題等を明らかにする学習として行いました。この学習では，インターネットからのデータ収集ではなく，たくさんの資料集の文章の中から必要なデータを取り出すことにより，情報を取捨選択する力，データを簡潔にまとめる力を付けることもねらいとして取り組みました。

生徒は，協働学習ツール内のデータチャートに，簡潔な言葉でカードにまとめ貼り付けました。ICT を活用することで，自由に貼り替えたり，言葉を変更したりして自分の考えをまとめることができました。また，交流の場面では，班ごとにデータチャートを送り合い，友達のカードをもらったり，アドバイスを送ったりすることができます。

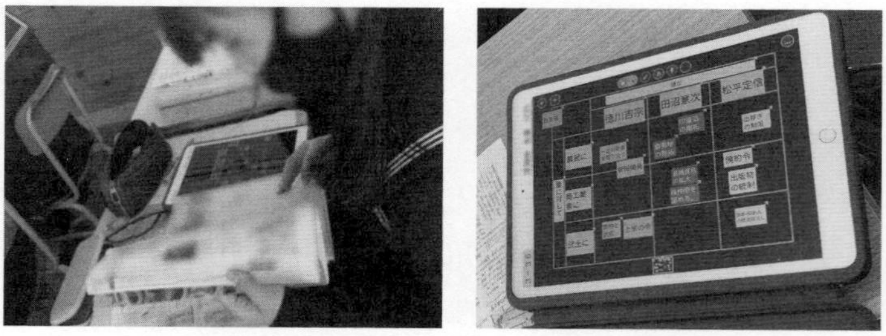
データの取捨選択とできたデータチャート

次は，外国語科「友達に自分の特技をわかりやすく紹介しよう」（協働学習ツール～プレゼン～）の実践です。自分の特技を英語でわかりやすく伝える活動に問いかけを入れることで，会話がつながるように仕組みました。わかりやすく伝える道具として，協働学習ツールのプレゼンテーション機能を使います。また，その紹介動画で交流することで，言葉以外のコミュニケーション能力の育成もねらいとしています。

互いのスピーチを評価

はじめに協働学習ツールを使って自分の特技のプレゼンをつくります。次に互いにプレゼンのスピーチ動画を撮影します。撮影した動画を班の友だちと交流し合い，英語におけるコミュニケーションとして必要な観点を明確にしていきます。

観点は，①声の大きさ，②アイコンタクト，③ジェスチャー，④感情，⑤問いかけです。この学習では，プレゼンと動画を班で交流する活用を通して，自分のプレゼンの不完全さに気付き，修正を加えながらよりわかりやすいものへと変えることができました。さらに，動画で自分の動きを見て，コミュニケーションの観点を確認することもできました。

(3)プログラミング学習

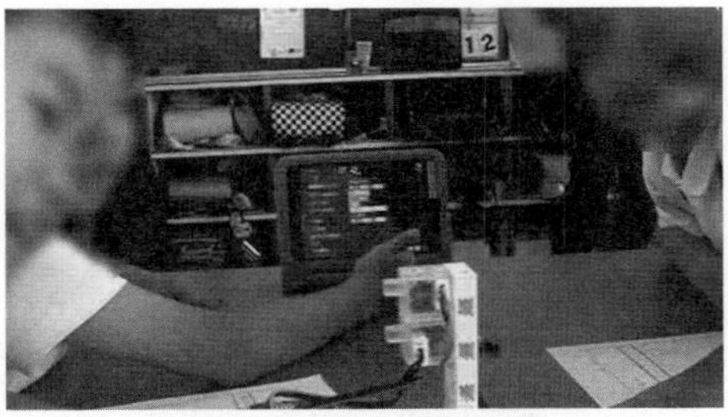

正しく動くか何度も試行を繰り返す

総合的な学習「生活を支えるプログラミング（歩行者用信号機）」（プログラミングアプリ）の実践です。押しボタン式信号機の動きについて考え，信号の色の変わり方を再現するために，プログラミングフローチャートで動きを確認していきます。

色の変わり方は，①赤の点灯　②青の点灯　③青の点滅　④赤の点灯の順です。専用アプリのブロックを組み合わせて，動きに合ったブロックを組み合わせ，何度も試しながら，つくり上げていきます。特に，③の点滅をどのようにするかで苦労していたグループもありました。

その後，全体交流で，「○○を□回くり返す」を使えばよいことに気付くことができていました。この学習で，一つの基本的な動きから，次の動きをつくり出すことやできる限り簡素化したものにつくり上げることが大切であることを理解していました。

教育委員会の取組

(1)推進組織の構築

GIGA スクール構想による児童生徒１人１台タブレットの活用で一人ひとりが「主体的・対話的で深い学び」ができるように，教育委員会が率先して ICT 活用の推進組織の構築を行いました。また，各学校でも ICT 推進組織を構築し，児童生徒への ICT 活用が推進されるように働きかけています。さらに，教職員の ICT 活用技術の向上を図るとともに新しい教育情報を提供できるようにしています。学校と家庭とのオンライン学習を進めるため，各学校の情報化推進教員で組織する「学校と家庭のオンライン学習準備会」，オンライン学習充実のため「オンラインプロジェクト委員会」を組織しました。

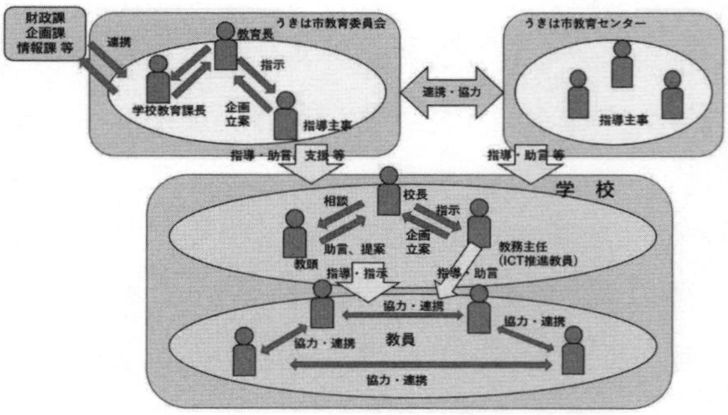

市全体の ICT 推進組織

オンラインプロジェクト委員会でまとめた内容については，全ての教職員がいつでも使えるように市共通フォルダ（先生）に「オンラインの具体的な指導体制」の例と「動画付きオンライン学習の手引き」を上げました。

「オンラインの具体的な指導体制」では，授業者，撮影者，管理者の３人１組で，授業内容に合わせた学習がスムーズにできるようにしています。３人１組体制で行うことにより，授業者は学習に集中でき，児童生徒の理解に合わせた学習が展開できるだけでなく，児童生徒の個に応じた内容も提供できます。

オンラインの具体的な指導体制

	授業者	管理者	撮影者	その他
事前	○指導計画 ○板書・発問計画 ○ロイロノート資料 ※平時に試しの授業	○授業内容・流れ把握 ○zoom許可・ミュート ○不具合への対応 （ちょっとまってカード）	○授業内容・流れ把握 ○zoom入出 ○タブレット充電確認	○プロジェクターか大型テレビで、管理者のzoom画面を授業者が見やすいようにしておく。
指導中	○zoom参加者の確認 ○授業の進行 ○指示・発問・指名等	○zoom参加者の確認◎ ○発言者ミュートon／off ○質問者への対応 （ききたいなカード）	○授業者の撮影 ○授業に合わせて移動	
事後	○質問がある児童対応 ○家庭学習の連絡	○zoom終了の操作 ○授業者補助	○撮影終了	○機器片づけ
その他	○ロイロノートを操作できる（タブレット）	○zoomを操作できる端末（pc か タブレット） ※親機	○zoomの子機 ○三脚等の準備	○機器片づけ

指導体制の例

「動画付きオンライン学習の手引き」は，オンラインプロジェクト委員会で作成しました。役割に応じてどのように動けばよいか，動画を見ることで理解できるようにしています。特に，オンライン学習に不慣れな教師もとまどいなく，オンライン学習を進めることができ，効果的でした。

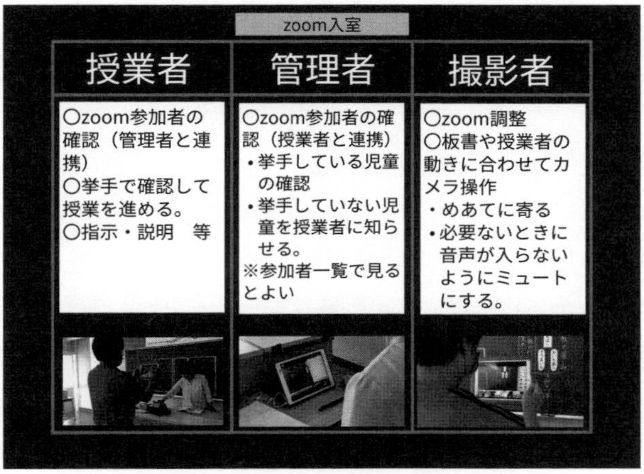

動画付きオンライン学習の手引き

(2)オンライン学習方法の情報の共有

オンライン学習の体制づくりとともに，オンライン学習の具体的な指導方法についても，２つの学習方法の例示を「指導体制」と同じ市共通フォルダ（先生）に上げました。

これらの学習方法を示したことで，教師の負担軽減につなげることができています。また，オンデマンド型学習で使える「算数」「数学」「国語」「外国語」の授業動画をフォルダ内に上げ，オンライン学習の効率化も図りました。

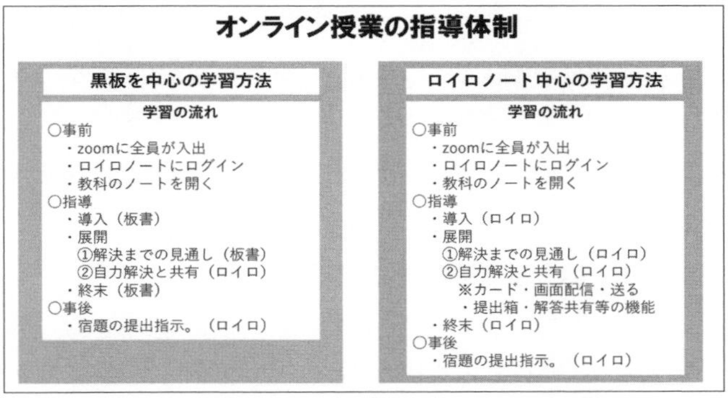

学習方法の例

(3)校務の情報化

校務の情報化を進めるために，校務用機器（管理サーバ，１人１台端末，プリンタ等）や，校務支援システム，校務用ソフト，高速通信に対応できる環境の整備を行いました。

働き方改革については校務支援システムを導入し，成績管理，成績表作成，出欠管理，指導要録，調査書等のデジタル化を図りました。このことで，教師の業務の軽減に大きくつなげることができます。また，市内の全教職員が共通に使える掲示板，メッセージ，他の学校の行事閲覧等ができる学校用グループウェアを導入しました。学校用グループウェアは，教師間のやり取りは市内のみに制限されるため，セキュリティ面においても安全に活用することができます。さらに，出退勤管理ができることで，超過勤務に対する教職員の意識向上にもつなげることができます。

DX 推進のポイント

(1)中長期的に教育委員会が自ら変革を推進する

本市は，平成27年度から学校の情報化を進めています。進めるにあたって，研究校の指定を行っていく方法もありましたが，学校間格差をなくす「チームうきは」方式，つまり市小・中学校全校において取組を進めていく方法で実施しました。機器の導入，ICT 環境整備に合わせ，児童生徒を指導する教職員の知識・技能を高めるための全教職員を対象にした理論研修と実技研修を行っています。研修は，平成28年度から毎年，夏期休業中に全教職員が１人１回必ず受講するようにしています。また，校内研修に ICT 活用を位置付け，授業を基本とした ICT の校内研修の充実にも努めています。これらの研修を通して，常に新しい学校の情報化推進についての理解と，授業における使い方を身に付けることができます。

さらに，GIGA スクール構想の整備の際に，学校管理用のサーバを市のサーバと切り離し，学校教育課独自のシステムを整備しました。同様に校務系と学習系も物理的に切り離し，学習系は，学校から直接インターネットに接続できるようにし，児童生徒のデータはクラウドで管理できるようにしました。校務系は，校務支援システムをセンターサーバによる管理運用にし，協働学習ツールのデータ等はクラウドで管理できるようにしています。

(2)全体に導入する前に試験的導入を行う

情報化の進展はまさに日進月歩です。そのため，機器，ソフトウェア，アプリ等の情報を常に把握し，どのような内容なのかを理解する必要があります。そこで，各企業と連携し，事前に学校単位で試験導入を実施しています。

事前確認は以下の観点を重視しています。

①機器及びアプリ等は，国の示す内容（セキュリティ，GIGA スクール構想）に対応

②通信ネットワーク環境機器は，多くの機器が同時アクセス可能

③操作性，耐久性に優れている

(3)導入後は一貫性をもったシステム運用を行う

GIGA スクール構想に基づく機器の導入後は，市統一のシステムで運用を行っています。特に，児童生徒用タブレットに入れるアプリは，各学校の ICT 推進教員で組織する「アプリ検

討委員会」において学期に1回程度実施し，小学校・中学校それぞれに共通で必要なアプリを入れたり，1学期間活用しない不要なアプリを削除したりしています。

また，GIGA スクール構想に合わせ，教育委員会の独自ドメインを取得し，学習系タブレットのセキュリティ及びアプリ管理を教育委員会で一括に行うようにしています。

具体的には下記の通りです。

① MDM によるセキュリティ及びアプリの管理

②学校で活用するアプリと持ち帰り（オンライン学習）用のアプリの切り替え

③協働学習ツール（ロイロノート・スクール）でのセキュリティ管理

④クラウドセキュリティによるインターネット管理

⑤ Google Workspace for Education，Office365，L-Gate，デジタル教科書等

これらの管理を教育委員会が常時対応で一貫性をもって行うことにより，学校における ICT 活用に統一性をもたせるとともに，より ICT 活用を進めることができ，学校の負担軽減にもつなげることができています。

(4)ICT 支援員の活用

GIGA スクール構想における1人1台タブレット導入により，児童生徒へのフォローはもちろん，教師の手助けとして ICT 支援員の存在は欠かせません。本市においても2名の ICT 支援員を確保しています。ICT 支援員は，年間1人200日程度，終日（8：30～17：00）勤務体制で，午前・午後で学校を訪問したり，アプリ管理，セキュリティ管理等を行ったりしています。午前中は主に ICT を活用する学習の補助を行っています。午後は，ICT を活用する学習の補助の他，ICT 研修を実施したり，教師の教材作成の手助け等を行ったりしています。ICT 支援員の活用は，校務の効率化に役立っており，教師の働き方改革に大きくつながっています。

(5)成果と課題

うきは市は平成27年度から学校の情報化に取り組み，教師用，児童生徒用タブレット，校務支援ソフト等の導入を進めるとともに教職員全員に対して研修を積み重ねてきました。その成果として，うきは市内の全ての小・中学校が JAET の優良校の認定を受け，学校情報化先進地域の認定を受けることができました。その様々な取組の中で，ICT 機器操作の向上とともに，機器やソフトウェア，アプリ等の進化に合わせ，それを生かす教師の授業力の育成が今後の大きな課題であると感じています。

（矢野　昌之）

【参考文献】
・文部科学省（2011）「教育の情報化ビジョン」
・文部科学省（2020）「教育の情報化に関する手引（追補版）」
・文部科学省「教育の情報化に関する基盤整備」
https://www.mext.go.jp/a_menu/shotou/zyouhou/detail/1369592.htm

6 大分県玖珠町
次代を担う子供とともに未来をつくるまち ～全員参画型の仕掛けで誰も取り残さない～

地域の特色と取組の特徴

(1)「童話の里」づくり

玖珠町は大分県の西部に位置し，九州一の河川である筑後川の上流にあたり，その源流となる玖珠川が東西に流れています。また，玖珠盆地を取り囲んでいる万年山，岩扇山，伐株山，などは全国でも珍しいメサ台地の山々です。

人口は約15,000人。町内に小学校が６校，中学校が１校（平成31年４月に町内６校が統合）あり，県立高校も１校存在しています。

玖珠町では日本の近代児童文化の基盤を築き上げ「日本のアンデルセン」と呼ばれた久留島武彦生誕の地として，「童話の里」づくりをまちづくりの基盤としています。「童話の里」づくりは人づくりであり，学校，家庭，地域がそれぞれの役割を果たしながら協働し，町民一人ひとりが夢をもち，個々と地域の課題を掘り起こし，解決方法を探ることこそ「童話の里」づくりであるとの認識に立ち，まちづくりを推進しています。

(2)ピンチをチャンスに

このような大自然の豊かな恵みに包まれた玖珠町にも，少子高齢化をはじめ様々な地域課題が山積しています。しかしながら，玖珠町教育委員会はこれらの課題をネガティブに捉えるのではなく，これから進めていく GIGA スクール構想において，地域課題も玖珠町ならではの特性だとプラスに捉え，有機的に ICT との融合を図り学習活動に活かしていきます。

また，GIGA スクール構想による１人１台端末の整備は，緊急時の対応のみならず，新しい学びを支えるツールとして玖珠町の未来を創る人材育成の絶好の機会だという認識の上に立ち，コロナ禍において，ピンチをチャンスにという姿勢で新しいことに挑戦していく決意を新たにしました。

(3)端末導入とハード面の整備

玖珠町では令和２年，町長・町議会の全面的な理解とバックアップにより２回の臨時町議会を経て，端末1150台の導入と各学校の通信環境の整備が完了しました。保護者アンケートにより，約２割の家庭にWi-Fi環境が整っていないことがわかっていましたので，その家庭には SIM

カードを付与して全児童生徒が持ち帰りできるように当初より対応しました。このことで令和３年には新型コロナウイルス感染症により数日間にわたって臨時休校を余儀なくされた学校が，躊躇なくオンライン授業を実施することができました。また，Wi-Fi 環境を整備した家庭には，町より２万円の補助金を出し，家庭の Wi-Fi 環境整備の後押しも同時進行で行いました。

(4) １人１台端末とのステキな出会いを～学校の当事者意識を醸成～

学校には令和２年10月に１人１台端末が届きました。しかし，先生方の中にはこの端末導入に対し期待があるものの，それ以上にものすごい不安感があることを感じました。そこでまず先生方の不安を払拭し，学校の自走を促すために，町教委によるトップダウン方式での導入をやめました。真っ先に行ったのは管理職研修です。管理職に「なぜ今，GIGA スクール構想なのか」についての理解を深めてもらい，腹落ちした学校長自らの言葉で自校の教職員へその意義や意味を語ってもらいたかったからです。

そこで文部科学省の ICT 活用教育アドバイザー事業を活用し，前札幌市立屯田小学校長で働き方改革や ICT 利活用に詳しい新保元康アドバイザーを講師として，同年11月から翌年１月までの３か月間に合計３回の管理職研修を実施しました。日常使いが何よりも大切であるとていねいに語ったアドバイザーの研修内容は，GIGA スクール構想を何かとても大きな特別なものとして捉えて構えていた管理職の肩の力を抜き，「まずは気軽にできることから」やれるところからやってみようという前向きな気持ちで受け入れられました。この研修は管理職のモチベーションが上がった瞬間であり，学校が当事者となって動き始めた瞬間でもありました。

学校の取組

(1)使ってみてわかる便利さ～八幡小学校の事例～

八幡小学校（全校24名）では，「まずはできるところから」を合言葉に，学年に応じた端末の活用を実践しました。１，２年生（複式学級）ではカメラ機能を使って，自分たちで植えた野菜の様子を撮影し，観察日記を作成しています。撮影した画像はクラウド上に保存され，気が付いたことを子供自身が付箋に手書き入力で書き込み記録します。観察・撮影・記録を重ねていくことで，野菜の成長の様子や友達の気付きの変化も比較できるので，自らの学びも自ずと深まっていきます。端末操作のスキルも，授業中にどんどん触れるので自然と向上していきます。そして，子供自身は知らず知らずのうちに，クラウド活用の利便性を体感することになるのです。

また，１年生の１学期末 PTA では授業参観ならぬ授業参加で保護者も一緒にクラウド体験をしてもらいました。Google Jamboard の付箋に親も子も感じたことを書き込み，先生が書き込んだ意見を深堀りしていきます。１年生だからこそ，保護者にも GIGA スクール構想についての説明とその便利さを体感してもらうことは非常に有用でした。

サツマイモ苗の観察日記

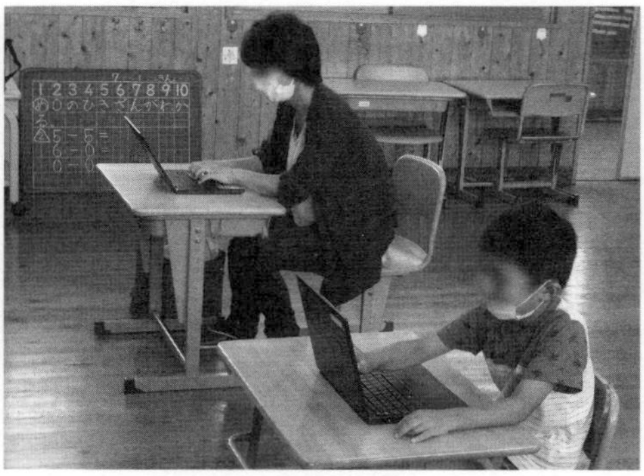

保護者も一緒にクラウド体験

(2)使ってみてわかる便利さ〜くす星翔中学校の事例〜

くす星翔中学校（全校372名）では，年間４回の英語確認テスト（語彙力中心）を全校で実施しています。英単語の和訳・英訳と英作文（並び替え）の問題が毎回50問出題されます。これまでは，英語科の先生がアナログで採点をしていました。そこで，令和３年度の後半よりCBT化にシフトチェンジ。第１回目は準備不足により，端末がつながらず失敗。その経験を活かし，２回目からはオンラインで全てが完結。テスト終了時に採点・集計が終わるので，先生の負担が大きく軽減されました。

今では，多くの教科でCBTによる小テストや単元テストが行われています。また，社会科では授業の前に「授業資料」として，その日の学習内容や流れ，課題やまとめ，授業中に使用する資料や動画，宿題などもGoogle Classroomに事前に投稿しています。あらかじめ授業デザインを可視化しておくことで，子供たちは前もって授業の流れを理解することができます。さらに，先生は授業後の板書をカメラで撮影しアップしていますので，子供たちは家庭学習での復習に活用できるのです。

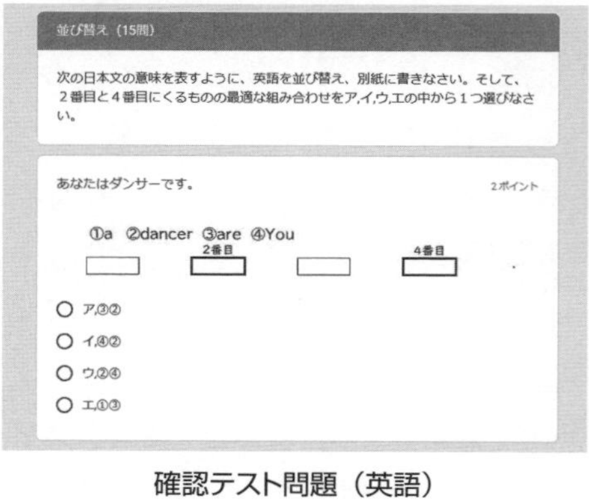

確認テスト問題（英語）

CBTによるテスト

教育委員会の取組

(1)玖珠町ジュニア ICT リーダー事業（JIL@KUSU）

これからの Society5.0時代を担っていくのは今の子供たちです。まちづくりの主人公です。しかしながら，子供たちは自分たちが生まれ育った町について知っているようで，よく知りません。都会にあこがれる気持ちはわからなくもないのですが，話を聞くと「ショッピングモールがない」「ファーストフード店がない」「遊ぶところがない」など“ないない尽くし”です。一方で豊かな自然も見慣れた光景ですので，それが当たり前の光景であり価値あるものといった意識は薄いようです。そこで，まちづくりの当事者として子供ならではの自由な発想で玖珠町の魅力を発見して，まちづくりへの提言をしてほしいと願い，玖珠町ジュニア ICT リーダー事業をスタートさせました。

これからのデジタル化社会において，ICT スキルの習得は必須です。人口減少著しい玖珠町において，魅力あるまちづくりもまた喫緊の課題です。であるならばと，まちづくりの主人公である小中学生に玖珠町教育委員会ホームページ内の専用サイトに編集権限を与え，まちづくりの当事者として玖珠町の魅力を PR してもらうことをジュニア ICT リーダーの最終ミッションとして，本事業を立ち上げました。

専門企業のインストラクターによる講習を受講し，一定のスキルが身に付いた子供には，ジュニア ICT リーダーとして認定し認定証とバッジを渡します。令和３年度は小学校５年生から中学校３年生までの合計54名を認定しました。子供を子供扱いせず，オフィシャルの仕事を任せることで責任感が芽生え，真剣にまちづくりのことを考えるようになりました。スキル習得の早さはもちろんですが，発想のユニークさや着眼点，センスなど大人顔負けで，企業のインストラクターも大人へ研修するのと同じように接してくれました。

研修の様子

認定証

対面による終日２日間の研修以外に，家庭では出された課題を実施。クラウド環境下で子供から提出された課題に講師がその都度フィードバックを行ってくれました。情報モラルについては，オンデマンドによる動画視聴形式で，コロナ禍の中，家庭で自学自習できる環境も整えました。そうして，最終的には専用サイトに各自が作成した玖珠町紹介のページが玖珠町のホームページへアップされました。観光スポット・グルメ・歴史遺産など思い思いにつくられたページはリーダーたちの玖珠町に対する熱い思いが込められたサイトとなっています。結果として，リーダーたちは端末のいろいろなソフトの活用方法を取得しました。リーダーたちは研修後，それぞれの学校の中でも，ミニ先生として友達をサポートしたり，時には先生をサポートしたりする存在へと成長しました。それもこの事業の副産物としてのねらいでした。

令和４年度は２期生の募集を行い，９月と11月に研修を行いました。また，12月には全国の志を同じくする自治体と「全国ジュニア ICT リーダーサミット」を開催し，お互いのわがまち自慢をプレゼンし交流しました。

教育委員会オフィシャルサイト

ジュニア ICT リーダーが作成したサイト

(2)ICT 支援員から ICT 指導員へ～先生とともに校務や授業をデザインする～

ICT 活用を推進するにあたり，必要不可欠なのは ICT 支援員の存在です。GIGA スクール構想が動き出した学校ほど，ICT 支援員のニーズは高く引っ張りだこになります。そこで，令和２年度より ICT 支援員を１名増員して２名体制でサポートを充実させました。１名は中学校に常駐。もう１名は小学校を巡回して先生方の支援を行っています。「いつもちょっと大変」と揶揄されることもあった ICT を，「いつも超楽しい」ICT になるように，常に先生方の困りに寄り添っています。

また，定期的に「ICT る？（アイシテル？）通信」と名付けた通信をデジタルで発行し，先生方へ共有。通信の内容は，各学校や先生方の実践事例はもちろんのこと，ICT 支援員が学校の先生方と交わした何気ない会話やエピソードなども紹介し，先生方の小さな困り（本人にとっては大きな困りでもある）も，玖珠町全教職員の困りとして共有してきました。「私も全て知っているわけではありません。一緒に困りましょう。悩みましょう。そして一緒に解決しましょう」といった ICT 支援員の寄り添うスタンスが多くの教職員の共感を生みました。

また，先生方のニーズから放課後15分間のプチ研修（希望参加制）が誕生し，校種を超えて学校間での横のつながりも広がっていきました。令和４年度は，ICT 支援員から ICT 指導員へと名称を変更し，先生方の困りへの対処とともに校務や授業デザインを先生方と一緒に考えていく役割も果たしてくれています。

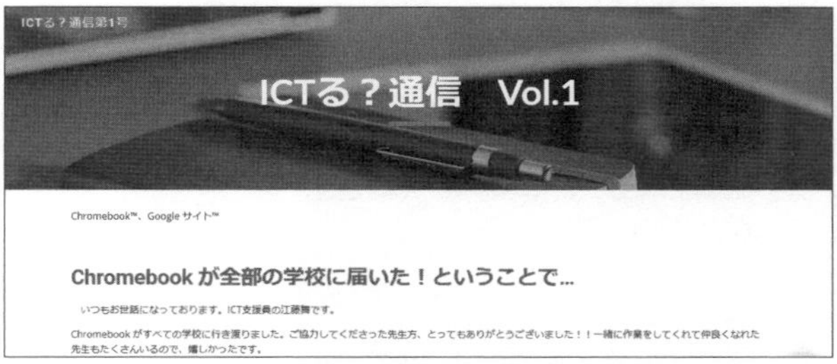

「ICT る?通信」をデジタル配信

小1の GIGA びらき

今年度，小学校１年生へ端末を最初に配付する際には，「GIGA びらき」と称して ICT 指導員が端末を一人ひとりの子供に手渡ししました。まるで賞状を受け取るかのように，ていねいに受け取る子供。はにかみながらもうれしそうに受け取る子供。どの子にもドキドキワクワクの端末との出会いがありました。端末活用が授業への意欲化につながることや，自分の持ち物として端末の取り扱いをしっかり自分で管理していくことの大切さを伝えたいという学級担任の思いを事前に聞いて，打ち合わせを行っていたからこそできた，ICT 指導員ならではの GIGA びらきとなりました。玖珠町では，現在雇用している ICT 指導員は２名とも退職教員であるので，授業者の「こんなことしたい。あんなことできたらいいな」に寄り添いながら，サポートはもちろん校務や授業デザインの相談にも乗ってくれています。

さらに，令和４年度の２学期以降には「今さら聞けないシリーズ」と銘打って，教職員から研修内容のアンケートを取り，希望参加制の短時間オンライン研修を実施しています。「誰１人取り残さない」を合言葉に，どんな先生にも寄り添う存在としての ICT 指導員は GIGA スクール構想を推進していく上で欠かせない存在であり，先生方の「なるほど。やったー。できた。わかったよ。ありがとう」の言葉が ICT 指導員のエネルギー源であり，やりがいとなっています。

(3)玖珠町の未来を創る人材育成会議

玖珠町教育委員会は，GIGA スクール構想における１人１台端末や高速ネットワーク整備，クラウド活用などを，単にその利用にとどまらず，玖珠町の多様な人材（匠）やそのネットワークそして自然や文化・歴史などの環境と最先端の ICT をベストミックスし，ICT をツールとして利活用した玖珠町だからこそできる玖珠町版 GIGA スクール構想として方針を打ち出しました。その中心的な役割として，「玖珠町の未来を創る人材育成会議」と冠した有識者会議を立ち上げることにしました。学識経験者や各分野の専門家などの有識者に加えて，40名の構成メンバーのうち半数の20名を学校現場職員から募って構成しました。この組織は，GIGA スクール構想を教職員のみならず地域全体が自分事として捉える仕掛けでもあり，結果として学校が自走するための補助輪の役割となってくれました。これまでのリアル体験学習（自然体験・郷土教育・地域可能性探求活動）に道具としての ICT をベストミックスさせ，それらを有機的に結び付けることで新たな価値や可能性が生まれ，ひいては玖珠町のまちづくりへと展開するストーリーを描いたのです。また，この会議の議論結果は報告書という形ではなく，各学校の実践事例という子供の姿としてサイトにまとめ広く町民へ公開しました。

人材育成会議全体会（シンポジウム）の様子

DX 推進のポイント

(1)GIGA スクール構想の捉え方

玖珠町教育委員会では，GIGA スクール構想を鳥の目・虫の目・魚の目で捉えてみました。まず，鳥の目すなわちマクロ的な視点です。GIGA スクール構想を単に学校教育の枠組みの中だけで考えるのではなく，まちづくりの視点から捉えたときに，ICT を有機的に融合させた取組の可能性が見えてきます。「地域のステキなひと」と「地域のステキなモノ」という人的・物的リソースが，学校間連携と相まって ICT を基盤としてベストミックスされれば，自然と新しい価値やコトが創造されるはずです。それがまちづくりに他なりません。学校教育の枠組みの中だけでは見えてこない景色です。

次に，虫の目です。複眼的な視点です。1人1台端末によって GIGA スクール構想の最大のメリットともいえるクラウド活用をどこまで行えるのか，といった視点です。教職員の働き方改革の観点から校務の効率化やクラウド活用による授業改善，教師の授業観の転換が含まれます。これは一朝一夕に変化するといったものでは決してありません。しかし，日常使いを大切にしていきながら先生方が便利さを実感すること，便利さの享受の経験値を上げることが，何よりも大切になってくると考えます。

最後に，魚の目です。これは潮流を読む視点です。「着眼大局・着手小局」（中国の荀子の言葉）といわれるように，世の中の流れを読むことが求められています。日本の人口減少問題，とりわけ，生産年齢人口の急激な減少がもたらす影響，世界のデジタル化の流れを総合的に考えたとき，今回のGIGAスクール構想を学校教育の中だけの問題にしてはいけないことは容易に想像がつきます。だからこそ，玖珠町ではまちづくりの視点をもってこのGIGAスクール構想に取り組みました。現在，いろんな場所で人手不足が叫ばれています。とりわけこれからの社会ではDX人材の育成が急務となるでしょう。そういった世の中の潮流を先読みし，そこから逆算して，自分ができること，やらなければならないことは何かを探ってみることも大事なことではないでしょうか。

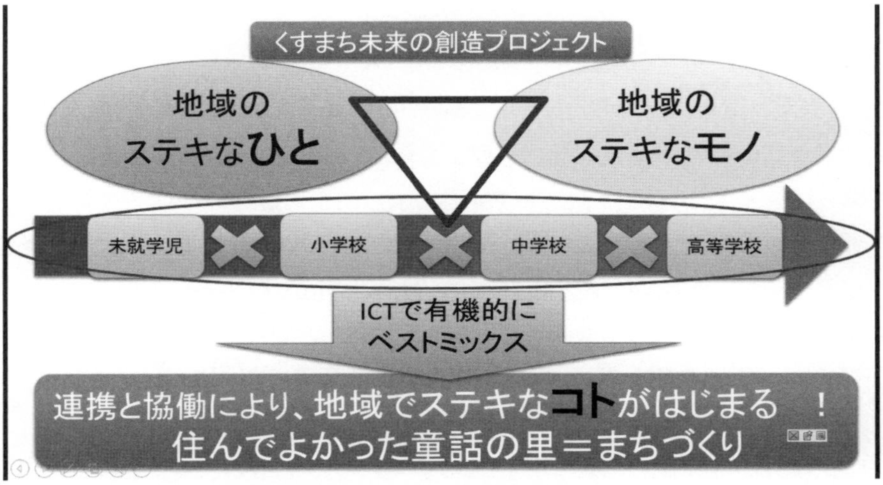

玖珠町のひと・モノ・コトをICTが紡いでいく

(2)GIGAスクール構想はじっくりと着実に（焦りは禁物）

GIGAスクール構想の実現に向けて，近道なんてありません。ましてや魔法の杖もなければ，特効薬もありません。まだまだうまくいかないことの連続ですが，この苦労も未来への先行投資として，日々学校現場の先生方が当事者意識をもって努力してくれています。やってみることで課題も見えてきますし，対処方法も学べます。トライ＆エラーによる日常経験値を上げることが，遠回りのようで，結局は成功の近道であると思います。先行投資以上のリターンがあると信じています。誤解を恐れずにいえば，安心して失敗できるフィールドを提供するのも教育委員会の役割なのかもしれません。玖珠町教育委員会では，鳥の目・虫の目・魚の目でしっかりとゴールを見据えながら，一歩一歩着実に前に進むよう，ハード・ソフトの両面で学校支援を行っていきます。

（梶原　敏明）

【参考文献】
・堀田龍也ほか監修（2022）『続・GIGAスクールはじめて日記』さくら社
・日経パソコン編（2022）『よく分かる教育DX』日経BP
・山本朋弘（2022）「連載　GIGA端末を活かす！　教員研修・授業活用」『教育家庭新聞』5月2日号

7 福岡県田川市
子供を信じ，委ねる授業づくりを目指した教育の情報化「田川スタイル」の推進

地域の特色と取組の特徴

(1)地域の特色

田川市は，「♪月が出た出た 月が出た よいよい…」で有名な炭坑節のふるさとです。また，平成23年には日本初のユネスコ世界記憶遺産に登録された山本作兵衛氏の炭鉱記録画が市内の石炭・歴史博物館に多数所蔵されています。このように本市は豊かな歴史・文化を備えた地域です。田川市を含む筑豊炭田と呼ばれる一帯は，かつて石炭産業で栄え，全国から多くの人々が働き手として集まり，最盛期の昭和30年には10万人以上の人口を有していました。しかし，その後，国のエネルギー政策の転換により，石炭産業という経済的基盤を失った本市の人口は，減少の一途をたどっていきました。活気と人情が売りであった田川市が，いつの間にか「暗い」「旧産炭地」という負のイメージで語られるようになっていきました。

こうした中，平成27年に就任した二場市長は，「すべての市民が誇れるまち田川」を目指して，四つの柱を立て，その一つに「教育改革」を掲げました。「田川の負のイメージを克服する大きな力は教育である」という認識のもと，市長部局と教育委員会が一体となり，田川市ならではの学力向上策がスタートしました。

(2)田川市ならではの学力向上策～田川市学力ステップアップ事業～

本市では，令和23年度より，目指す子供像を具現化するための，集中して主体的に学ぶ力の育成に向けて，３つの歯車（①：学力の基盤となる学習能力の育成，②：社会をたくましく生き抜く能力の育成，③：自学自習力の育成）を連動させることで市内児童生徒の学力向上を図る田川市ならではの学力向上策を展開しています。この方策の中で，その核として位置付けているのが，教育の情報化の推進です。

学力ステップアップ事業

(3)本市の教育の情報化のあゆみ

教育の情報化を推進するにあたり，まず，具体的な推進の道筋を示唆してもらうアドバイザーが必要であるとして，文部科学省のICT活用教育アドバイザー派遣事業に応募し，中村学園大学の山本朋弘教授に，本市のICT教育活用アドバイザーに就任していただきました。

山本教授からはまず，組織づくりとビジョン構築が重要であるとの助言がありました。そこで，さっそく教育長を本部長とし，学識経験者や民間企業，校長代表，教員代表，PTA，市の財政部門からなる「田川市ICT教育推進本部」を平成28年11月に設置しました。さらに，この組織をもとに，平成29年３月には，「田川市教育の情報化推進基本計画」（以下「推進計画」）を策定しました。推進計画では，３つの基本目標の達成に向けて設定された目指す子供像を軸として，これを具現化するために必要なICT教育機器の整備計画や，市内教員の研修計画を位置付けました。

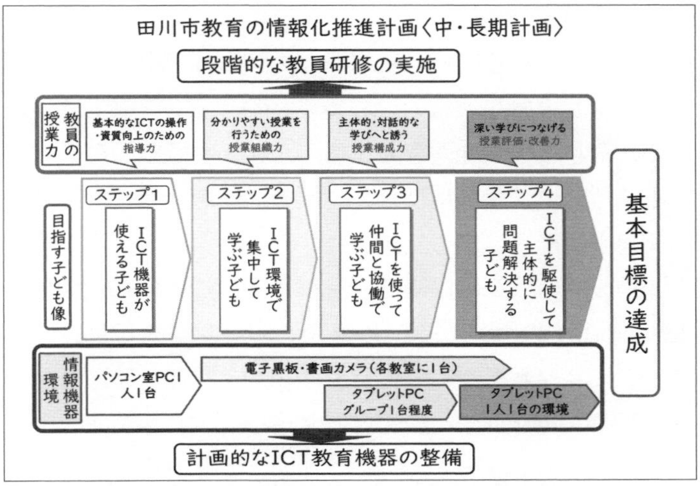

田川市教育の情報化推進計画（平成29年3月策定）

本市では，12年前に各教室にスクリーンやプロジェクターを設置するなどのICT環境整備を行った経緯がありましたが，これらを活用するための教員研修が計画的に行えていなかったため，ICT教育機器の稼働率向上や効果的に活用できなかったという課題がありました。こうした過去の反省を踏まえ，今回，機器整備と教員研修を連動した推進計画を作成し，基本目標の達成を目指した取組を進めています。

(4)「田川スタイル」について

この推進計画を進めていく上での基本方針を「田川スタイル」と呼び，市内小・中学校だけでなく，保護者や市民の方々にも広く周知しています。基本方針は，次の３つです。

①ICT教育機器活用を目的とせず，児童生徒の学力向上を常に意識した教員のICT活用を進めること

②これからの田川を担う，社会をたくましく生き抜く力（情報活用能力）を育成するための児童生徒主体のICT活用を積極的に進めること

③学校，家庭，教育行政，市長部局，地元企業が地域ぐるみの教育の情報化を進めること

この３つの方針を，「一人の百歩ではなく，百人の一歩を」を共通のスローガンとして，市内教員が共通理解し，着実に取組を進めています。

学校の取組

本市では，年間４回の市教委主催の教育の情報化に特化した教員研修において，授業公開や実践報告を行っています。その中から，特徴的な３つの事例を紹介します。

(1)タブレット端末やアプリケーションを活用した探究学習～小学校５年・総合的な学習～

田川市立大藪小学校では，総合的な学習の時間において，「ふるさと田川をよりよくするためには？」という課題を設定し，１人１台端末及びアプリケーションを活用して，地域の課題を収集したり，集めた情報を，共有機能を利用して整理したり，プレゼンテーションしたりする探究学習を行いました。

課題設定・収集の段階では，グループごとに Google Jamboard を用いたブレインストーミングをした後，インターネットで目的に合った話題や，関連する図，画像を収集しました。情報整理の段階では，Google スライドや Google ドキュメント™ を用いて，調べたことをまとめたり，発表するためのシナリオをつくったりしました。シナリオづくりでは，共有機能を用いて，聞き手を意識したシナリオになるようアドバイスし合いながら文章の推敲を行うことができました。

各グループの発表後の振り返りでは，「グループで協力して活動することができたか」の問いに対して８割の児童が「できた」と回答していました。これは，収集した多くの情報を，共有機能を用いて整理したり，写真や図を用いてまとめたりする活動を協働で試行錯誤しながら行うことができたからであり，ICT 活用ならではの学習活動の成果であるといえます。その後，この学習を経験した児童の代表は，市主催の小学校プレゼン大会への出場を希望し，その学習の成果を市全体に発信するに至りました。

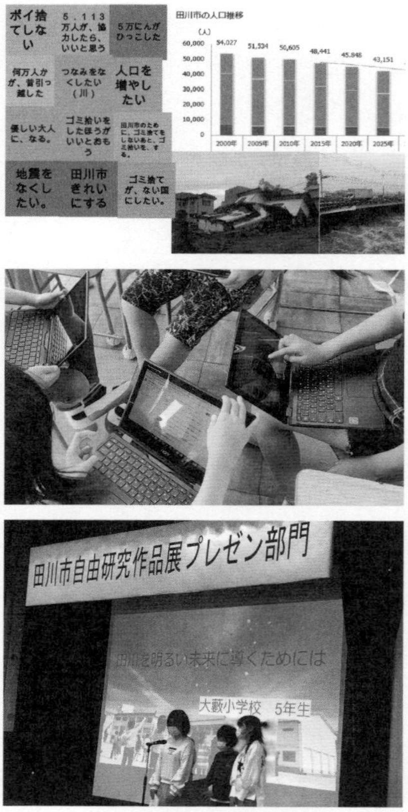

探究学習における活用

このように，今回の探究学習における ICT 及びアプリケーションの活用は，児童の探究する意欲を喚起し，継続する役目も果たす結果となりました。

(2)テレビ会議システムを活用したコミュニケーション活動～中学校２年・外国語科～

田川市立伊田中学校では，外国語科の授業において，単元導入時に，「東京に住んでいる大学生とお互いの日常生活について，英語でやり取りをしよう」という単元を貫く課題を設定して学習を進める課題解決学習を行いました。生徒は，単元末の活動に向けて，必要となるキーセンテンス（must や have to など）や単語について意欲的に学んでいました。

本時学習では，生徒たちは６つのグループに分かれ，テレビ会議システム（Google Meet™）を用いて，東京で大学生活を送っている学生と英語でのやり取りを楽しみました。普段では，会話することが難しい相手とのリモートでのやり取りは，生徒たちにとって大変刺激的であり，何とかしてやり取りを継続させようとする姿や，教師の手を借りずに仲間と協力して話題を発展させようとする姿が見られました。

コミュニケーション活動における活用

事後の振り返りでは，「もっと英語でやり取りを続けたかった」「いろいろな人とやり取りしたい」など，今後の外国語科の学習に向けての期待と展望をもつことができていました。

(3)アプリケーションを活用した学習履歴の蓄積・評価～小学校２年・道徳科～

田川市立田川小学校では，道徳科の学習において，アプリケーションを用いて自らの考えを表現する活動を日常的に行っています。２年では読み物教材の主人公の気持ちを表出する場面において，Google Jamboard を用いて，互いの考えを交流しやすくしたり，学習の振り返りにおいて Google フォームを用いて手書き機能を駆使しながら感想を記述したりするなど，目的に応じてアプリケーションを使い分けて活用することができていました。特に学習の振り返りの蓄積は，児童にとっては自らの成長が実感でき，教師にとっては児童一人の学びの深まりを的確に把握することができるなどの効果が見られました。低学年であっても，日常的にタブレット端末を活用しているため，立ち上げや記入が素早く短時間で行うことができていました。

	A	B	C	D
1	タイムスタンプ	なまえ	ふりかえ	今日のどうとくのふりかえり
71	2022/06/27 9:24:49		4	こまったこをたすけたことしいい気もちだっ
72	2022/06/27 9:25:17		4	うれい気もち
73	2022/06/27 9:25:45		4	だれかにやさしくしてありがとう
74	2022/06/27 9:26:09		5	
75	2022/06/27 9:29:44		4	あったかい気もち
76	2022/06/27 9:30:02		4	こまったこをたすけたこと
77	2022/06/27 9:34:32		4	いいきもちで四ねんからもありがとうていっ
78	2022/06/29 14:32:29		4	みんなとやればたのしい 4
79	2022/06/30 10:24:44		5	友だち大切
80	2022/06/30 10:24:55		5	ともだちは、いいと思もった
81	2022/06/30 10:25:09		4	うれしかった
82				う1

学習履歴の活用

教育委員会の取組

先述した各学校での授業実践が積極的かつ効果的に行われるよう，教育委員会では，推進計画に沿って「ICT 教育機器の計画的な整備」と「段階的な教員研修」を連動させながら教育の情報化の推進を図っています。また，令和４年度からは，教員の働き方改革の実現に向けたコストのかからないシステムの構築・運用も行っています。

(1) ICT 教育機器の計画的な整備

機器整備に向けては，ICT 教育機器整備計画に沿って，平成29年11月の市内の小・中学校の全ての普通教室（特別支援学級を含む）への大型提示装置（電子黒板）及び指導者用デジタル教科書の整備をはじめ，令和元年８月には小・中学校にグループ１台程度のタブレットパソコン及び無線アクセスポイントを導入しました。その後，令和３年１月に GIGA スクール構想の補助金を活用して，１人１台端末及びネットワーク環境整備を行いました。こうした計画的かつ段階的な ICT 教育機器整備が実現できたのは，先述した ICT 教育活用アドバイザーの助言のもと策定・設置した，「教育の情報化ビジョン」並びに，学識経験者や学校関係者，地元企業人などで構成した組織体「推進本部」の存在が大きく影響しているといえます。

段階	ステップ1	ステップ2	ステップ3	ステップ4
目指す子ども像	ICT機器が使える子ども	ICTのある環境で集中して学ぶ子ども	ICTを活用して仲間と協働で学ぶ子ども	ICTを駆使して主体的に問題解決する子ども
整備年月	平成20年 ➡	平成29年11月 ➡	令和元年8月 ➡	令和2年～
整備したICT機器・コンテンツ	①PC教室用PC小中各40台	①電子黒板（全教室）178台（小121,中56） ②書画カメラ（全教室）178台（小122,中56） ③教室用PC（全教室）178台（小122,中56） ④デジタル教科書（国・算・数・英） ※教室用PCにインストール	①学習者用タブレット（クレードル型）373台（小各36台、中各7台） ②無線アクセスポイント42台（小35台、中7台） ③指導者用デジタル教科書（理）	①学習者用タブレット（小1～中3） ②無線アクセスポイント（各教室等）

本市における ICT 教育機器整備の実績

(2) 段階的な教員研修の実施

本市では，市内小・中学校に電子黒板等の ICT 教育機器を一斉導入しているメリットを生かして，授業公開を行う「ICT 教育推進校」を１校に固定せず，輪番制で行う体制をとっています。

ICT 教育推進校による授業公開では，電子黒板や指導者用デジタル教科書を用いた授業はもちろん，児童生徒がタブレット端末と大型提示装置（電子黒板）を連動させながら考えを交流するな

田川市教育の情報化研修会

ど，全教室常設の利点を生かした授業が多く公開されています。また，授業公開後は，県内外より報告者を招いたシンポジウムを実施したり，コロナ禍で対面研修が行えないときはリモートで互いの授業実践を交流したりするなど，市内教員のニーズに応じた研修になるよう，アドバイザーからの助言をもとに実施内容や実施方法を工夫するようにしています。

(3)教員研修と児童生徒参加のイベントを連動させた取組

先述した教員研修の中には，生徒会担当者や文化発表会などの学校行事を担当する教員を対象に，「プレゼンテーションの効果的な指導法」についてのワークショップ型の研修を開催したこともありました。IT 企業から講師を招聘し，プレゼンテーションに必要なスキルや指導法を学ぶ中で，児童生徒への ICT 機器を活用しながら表現するための指導のポイントについて活発な意見交換がなされました。その後，2か月後に開催された市主催の「中学校生徒会サミット」では，各校の生徒が行うプレゼンテーション力が飛躍的に進化しており，先のワークショップ研修で学んだノウハウを生かして，教員が的確に効果的なプレゼンテーションについて指導を行った成果がうかがえました。

中学校生徒会サミット

(4)市長部局と共同で作成したGoogle フォームを活用した出退勤管理システムの運用

これまで市内小・中学校の教職員の出退勤管理は，教育委員会が Excel ファイルで作成したシートに，職員室に設置したパソコンを使って教職員が打刻するという方法で行っていました。しかしながら，管理職が全ての教職員が打刻したかどうかの確認がしにくく，教育委員会も，わざわざ提出を求めないと，把握ができないなどの課題がありました。そこで，令和３年度に全職員に Google アカウントが付与されたことを機に，Google フォームと，それに紐づく Google スプレッドシート ™ を活用した新たな出退勤システムの構築に着手しました。

新たな出退勤システムのメリットは，管理職や教育委員会が，毎日の教職員の出退勤状況をオンラインで把握できることや，場所やデバイスを問わず打刻できること，そして何より無償（現状）で運用できることです。システムの構築については，市長部局所属の DX 支援員に支援を依頼し，市内小・中学校の１校をモデル校として指定し，検証・改善を行いました。

教職員が打刻しやすくかつ管理職が把握しやすいものへと改善を繰り返し，完成したシステムを使って，令和４年４月より運用をスタートしています。これまで把握が難しかった詳細なデータを管理職及び教育委員会が随時把握できるようになったことで，教職員の業務負担軽減策の検討や校務の情報化を進める際のより詳細な資料を得ることができるようになっています。

今後，学校からの要望をもとに，さらに運用しやすいシステムへと改善を加え，魅力ある職場環境づくりへつなげたいと考えています。

DX 推進のポイント

(1)タブレット端末活用年間計画・情報モラル年間計画の作成及び活用

本市では，令和２年度の１人１台タブレット端末の導入以後，まずは児童生徒が使い慣れることを優先し，「タイピング練習での活用」や「家庭へのタブレット端末の持ち帰り」などを積極的に進めました。このことで，教員も児童生徒もストレスなくタブレット端末を使うことはできるようになりました。しかしながら，市独自の ICT 教育機器等活用状況調査結果により，学校間や教員によりタブレット端末を活用する頻度に差が見られることも明らかとなりました。そこで，令和３年度の後半より市内小・中学校全校で「タブレット端末活用年間計画」と「情報モラル年間計画」の作成を進め，令和４年度からこれらをもとにした計画的なタブレット端末の活用を推進しています。

今後，計画内容の評価・改善を進めながら，市内教員が，計画的かつ効果的なタブレット端末をはじめとする ICT 教育機器の活用を進めていきます。

(2)市内教員の実践を収録した「ICT 活用実践事例集」の作成・発行

本市では，市内小・中学校で実践された ICT 教育機器を活用した好事例を収録した「実践事例集」を作成し，各校に配付，並びに全教職員が閲覧できるようデータ配信をしています。

平成31年３月に発行した vol.1では，大型提示装置（電子黒板）や書画カメラを活用した「わかる授業」の実践を中心に，令和２年３月に発行した vol.2では，「グループ１台のタブレット端末を活用した活動」を中心に，令和４年３月に発行した vol.3では，１人１台端末及びコンテンツを活用した「導入期」及び「活用期」の実践を収録し，１人１台端末の導入により可能となった「個別最適な学び」や「協働的な学び」に向けた授業づくりのヒントが多く含まれた事例集としました。

授業での ICT 活用　実践事例集

こうした実践事例集の作成・発行は，本冊子の事例をモデルとして，タブレット端末を中心とした ICT 教育機器を効果的に活用し，児童生徒の情報活用能力の育成を目指した授業実践が各校で行われることを主たる目的として行っていますが，各校から必ず１実践以上の事例を挙げてもらうことで，市内教員の実践意欲の向上を喚起することにもつながっています。

(3)市内小学生プレゼン大会の開催

本市では，重点目標として，「ICT を活用して目的や意図に応じて表現・発信する力（プレゼン力）」の育成を掲げています。この具現化に向けて，令和３年度より，教育委員会主催の「田川市小学生プレゼン大会」を実施しています。第１回大会には，市内各小学校から15組の発表者が集い，夏休み中の自由研究の成果や学校で取り組んだ学習の成果を自ら作成したプレゼン資料をもとにステージ発表をしました。

自由研究作品展プレゼン部門

このイベントに先立ち，田川市立伊田小学校では，校内プレゼン大会を開催しました。各教室とライブ配信でつなぎ，参加を希望した児童の発表を全校児童が視聴しました。校内審査を経て大会に参加した児童は，身振り手振りを交えながら，聞き手にわかりやすく発表することができました。また，田川市立金川小学校の児童は，夏休みに両親の協力のもと取り組んだ自由研究を発表する際，母親がプレゼン操作を行うなど，家族の協力のもと研究の成果を発表することができました。

このように，教育委員会主催のイベント開催は，大会に向けて積極的に準備する児童や学校，家庭の協力体制により，児童の自己実現やプレゼン力の向上につながっています。

(4)市内小・中学校の学校情報化優良校及び学校情報化先進地域の認定

本市では，保護者や地域住民の方々に信頼を受けながら，地元企業や大学と連携した教育の情報化の取組を加速化させていくために，日本教育工学協会（JAET）が行う「学校情報化認定」に参加し，市内全小・中学校が外部評価を受けています。

現在，市内全小・中学校が「学校情報化優良校」に認定され，これに伴い田川市も「学校情報化先進地域」の認定を受けています。こうした外部評価を受けることで，本市のこれまでの取組の方向性の確かさを確認することができるとともに，この評価結果を広く保護者や市民の方々に発信することで，信頼感を高めながら教育の情報化「田川スタイル」の確立を目指した取組を力強く推し進めています。

このように，本市では，子供を中心に据え，主体性や可能性を信じ，委ねる教育の情報化の取組を学校ぐるみ，地域ぐるみで進めています。

（吉柳　啓二）

8 鹿児島県三島村
３つの島をつなぐ日常的な遠隔授業
～小離島・小規模校のよさを最大限に生かす～

地域の特色と取組の特徴

(1)三島村について～外洋に浮かぶ小さな３つの島と４つの義務教育学校～

三島村は，鹿児島県の薩摩半島から南へ約40㎞の洋上に点在する竹島，硫黄島，黒島の３つの島からなる村です。その名の通り島全体が竹に覆われている竹島。火山が火を噴き，数多くの歴史と伝説が残る硫黄島。豊かな森林に覆われ「ミニ屋久島」とも称される黒島。まったく違う表情を見せながら横にかわいく並ぶ３つの島ですが，これらの島は日本で最も新しい巨大噴火の生々しい痕跡であり，独自の文化・信仰形態・伝説が語り継がれている自然豊かなロマンあふれる島々です。そのため村全体が日本ジオパークに登録され，県立自然公園にも指定されています。人口は400名足らず。交通手段は週４便の定期船のみ。村役場が島内ではなく鹿児島市にある特殊な行政システム。本土と日常的な往来ができない極めて隔絶性の強い状況は，なかなか一般的にはイメージしがたいのではないでしょうか。

周辺の地図

このような厳しい状況の中で，この村を元気にしているのは学校であり子供たちです。この小さな村に，４つの義務教育学校と約80名の子供たち，50名余りの先生たちがいます。なんとこの村の３分の１以上は教師と児童生徒なのです。なぜこの厳しい状況の中で学校が存続できているのでしょうか。それは，村が長年取り組んできた山海留学（しおかぜ留学）のお陰です。三島村では全国各地からやってきた子供たちとともに魅力あふれる教育に挑戦しています。

(2)学校の概要と特性，多様性～みんなで　しなやかに　まなび合う～

外海小離島の三島村は，様々なハンディを背負っている村ですが，地域，学校，子供たちがもつ課題や多様性を十分に踏まえながら，マイナスをプラスに捉える発想の転換，社会の変化に対応するしなやかさをもって，未来型の三島スタイルの学校づくりに取り組んでいます。

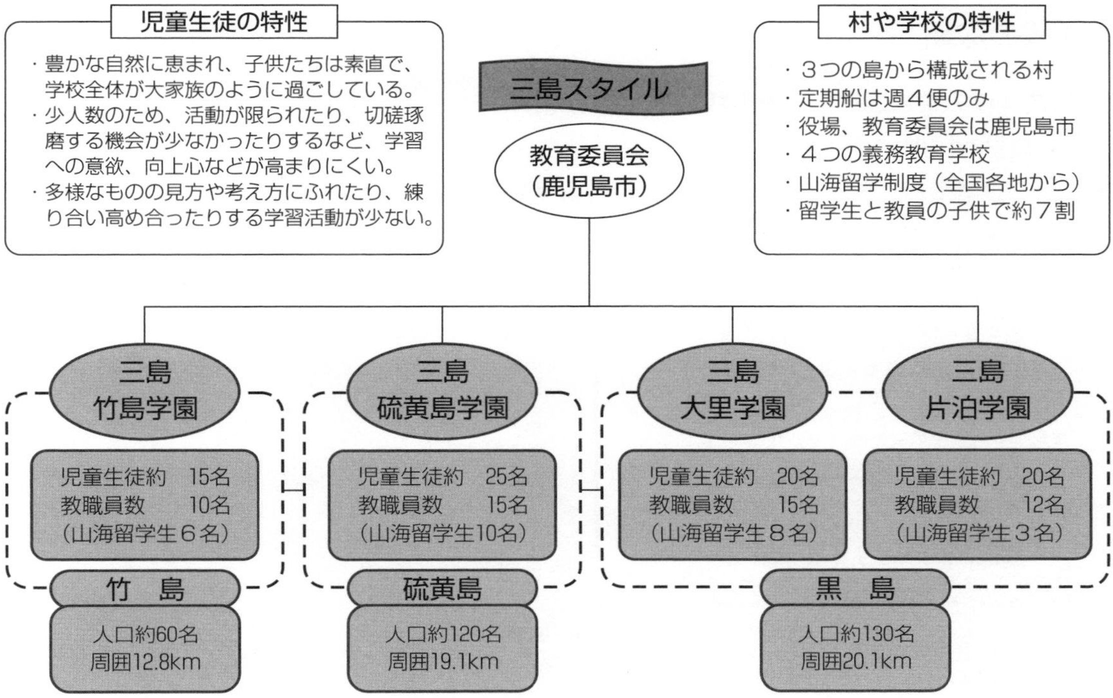
児童生徒の特性
・豊かな自然に恵まれ、子供たちは素直で、学校全体が大家族のように過ごしている。
・少人数のため、活動が限られたり、切磋琢磨する機会が少なかったりするなど、学習への意欲、向上心などが高まりにくい。
・多様なものの見方や考え方にふれたり、練り合い高め合ったりする学習活動が少ない。
三島スタイル
教育委員会
（鹿児島市）
村や学校の特性
・３つの島から構成される村
・定期船は週４便のみ
・役場、教育委員会は鹿児島市
・４つの義務教育学校
・山海留学制度（全国各地から）
・留学生と教員の子供で約７割
三島
竹島学園
児童生徒約　15名
教職員数　10名
（山海留学生６名）
三島
硫黄島学園
児童生徒約　25名
教職員数　15名
（山海留学生10名）
三島
大里学園
児童生徒約　20名
教職員数　15名
（山海留学生８名）
三島
片泊学園
児童生徒約　20名
教職員数　12名
（山海留学生３名）
竹　島
人口約60名
周囲12.8km
硫黄島
人口約120名
周囲19.1km
黒　島
人口約130名
周囲20.1km

未来型の三島スタイルの学校づくり

(3)三島村の遠隔教育～いかにシンプルに　より日常的に～

三島村の学校教育では，小さな離島の村であっても，遠隔教育を通して多様な人々とのつながりや多様な学びを実現することを目指しています。この未来型の教育をしっかりと定着させて発展させていくために必要なキーワードは，「シンプル」そして「日常的」です。

三島村で取り組む遠隔教育の分類

遠隔合同授業	村内の学校とつないで継続的に合同で授業を行う学習
遠隔交流学習	村外の学校とつないで交流し，コミュニケーション力等を培う学習
ALT 遠隔学習	ALT と，授業や課外活動で，日常的に行う英会話学習
専門家遠隔学習	大学，企業等の外部人材とつなぎ，専門的な学びを豊かにする学習
免許外教科担任を支援する遠隔授業	免許外教科担任，臨時免許を有する教員が指導する学級と，免許状を有する教員の学級とをつなぎ，教科指導の充実を図る学習
遠隔教員研修	教育委員会とつなぎ，講師を招聘して行う教員研修

学校の取組

(1)村内４校の共通理解・共通実践

遠隔教育を円滑に推進していくために，「共通理解・共通実践」を明確にして取り組んでいます。この継続した積み重ねが，遠隔教育を日常的・継続的に行う重要なポイントです。

三島村全校での「共通理解・共通実践」事項

- 4つの学校の校時表の統一、継続的な実施！
  ■日時の調整がスムーズに！　■時間割の固定が可能に！
  学校文化の違いを踏まえた対応
- TV会議システムと協働学習支援ツールの併用！
  ■TV会議システムには弱点が・・・「ノートの一部分を見せる」「複数の資料を提示する」「動画を共有する」 など
  ■クラウドサービスのある学習支援ソフトを活用し、遠隔であっても、同じ教室にいるような感覚の授業が可能に！
- ICT機器やシステム等の環境整備！
  ■ICT機器のセッティング、接続形態、常設等の情報共有
  ■各校の教室状況、通信環境に適した整備を！
  安定した通信環境の構築

いかにシンプルに　より日常的に

共通実践のための留意点

- 遠隔教育の意義や目的を共有する。
- 担当者や一部の教職員だけに負担がかからないようにする。
- カメラの設置場所，児童生徒の見え方，黒板の見え方などを共有する。
- 授業パターンに応じた接続タイミングの工夫とその共通理解を図る。
- 授業中にネットワークの問題が生じたときの対応を確認しておく。
- ICT 機器の設置や移動等を児童生徒が主体的に行えるようにする。

共通理解・共通実践

(2)様々な遠隔教育へのチャレンジ

①遠隔合同授業

遠隔合同授業は，他校の教室とつないで行う授業です。多人数で練り合い高め合う対話的な学習を通して，自分の考えを深めたり，相手を意識したコミュニケーション力の向上や仲間づくり・社会性の育成を図ったりすることができます。遠隔合同授業を日常的に行うためには，校時表や時間割を揃えることが必要です。さらに，最も重要なのは「授業の進度」を揃えることです。導入，展開，終末のどの部分をつなぐのが効果的なのか工夫しながら取り組んでいます。遠隔授業では，協働学習支援ツールが必須アイテムです。このように，アナログではできなかった授業が可能になります。

遠隔授業のセッティング

自力解決

自分の考えを提出

他校の友達との比較

遠隔合同授業では複式学級を解消し，複数の学校が協力して学年別に指導することが可能になりました。教室の前後で学年ごとに分かれて，両校の教員がそれぞれ別の学年の指導を行います。一人の教員が，同一の学年の指導に専念することができるので，学習の効率化が図られます。また，これまで２学年分の教材準備などにかけていた負担が軽減されます。さらに，教師同士で教材を共有化することで，指導法改善にも効果的です。

複式学級の解消

同一学級で授業するため，集中できるように，またハウリング防止のため，ヘッドセットを活用します（上：左の写真）。複式を解消し，ともに学ぶ児童数が増えることによって，これまで授業展開が単調になりやすく内容が深まらないなどの問題があった少人数授業のデメリットを改善することができます。また，年間を通した合同授業によって，互いのことをよく知ることができるので，実際に会ったときもすぐに打ち解けることができます（上：右の写真）。

②遠隔交流学習

遠隔交流学習は，村外，県外，海外への学校等と結ぶ学習です。

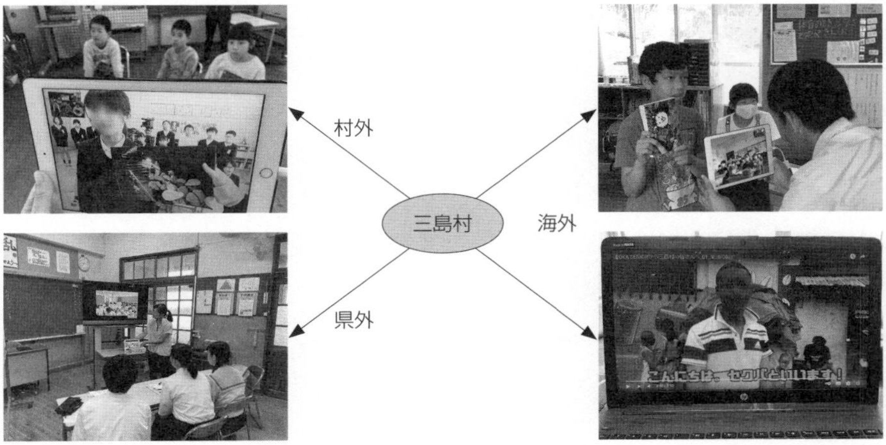

三島村から村外，県外，海外へ

村外…県内の都市部や，山間部の学校，または自校と同じ環境にある離島の小規模校と結んで交流の輪を広げます。

県外…環境がまったく異なる県外の学校と結んで見聞を広げます。また，村と同じジオパーク登録地域と交流をしています。

海外…台湾やベトナムの日本人学校と交流しています。時差を考慮して計画することがポイントです。アフリカ・ギニアとの交流は長年に渡りますが，YouTube の活用によってさらに国際交流が促進されています。

多様な人々，地域との交流は，本村の児童生徒にとって自己の世界を広げる学びになります。異なる環境，異文化との交流は，学びに対するよい刺激となります。また，自分が育つ地域のよさの再発見になって自信と誇りが育まれます。このような多様な経験によって，自己の生き方を深めることが期待されます。

③免許外教科担任を支援する遠隔授業

離島の小規模校では，免許外教科を複数持たざるを得ない現状があります。専門外の教科の指導は，教師にとって大きな負担となっています。そこで遠隔授業を活用し，A 校の専門の教師が T 1 となって，B 校，C 校，D 校の T 2 の授業を支援することで授業者の負担を軽減しながら，より専門性の高い指導を行うことができます。

A校　　B校　　C校　　D学

A 校：T 1 は，ホワイトボードやタブレット端末を使いながら主となって学習を進行する。
B 校：他の学校の T 2 は，補助的な説明や個別指導を行う。
C 校：生徒は協働学習支援ツールを通じて考えを共有し，教師も全員の学習状況を把握する。
D 校：グループまたは全体でタブレット端末を通じて互いの意見を交換し，考えを深める。

この授業は，教師相互の指導法のスキルアップや学力向上にも大きな効果を発揮しています。それぞれの役割ですが，T 1 が授業を進め，T 2 は補助的な説明や個別指導等に当たります。T 2 は学習の個人差の大きい実態に対応して一人ひとりへ助言やヒント，賞賛や励ましなどを与えて生徒のモチベーションを高める役割もあり，連携と協力によって授業効果が高まります。

④ ALT 遠隔学習

役場に常駐している ALT とタブレットを通して，授業だけでなく隙間時間を活用して会話をする機会を設定しています。発音やヒヤリング，そして即興的なコミュニケーション力が高まっています。

英語で自己紹介

ALT（村教委から）

⑤専門家遠隔学習・遠隔教員研修

大学や教育関係機関，民間企業の協力を得て，様々な分野の専門的な学習や研修を実施することが可能になってきました。講師招聘のための事務手続きや予算，時間の確保等を節約する効果もあります。

フラワーアレンジメント教室

村教委とつないで

教育委員会の取組

(1)村の教育課題を踏まえた遠隔教育システム（オンライン授業）の推進

小離島・小規模校の教育課題を克服するために，教育委員会がリーダーシップを発揮しながら，取組内容を明確に示して，具体的なイメージをもって共通実践できるようにしています。

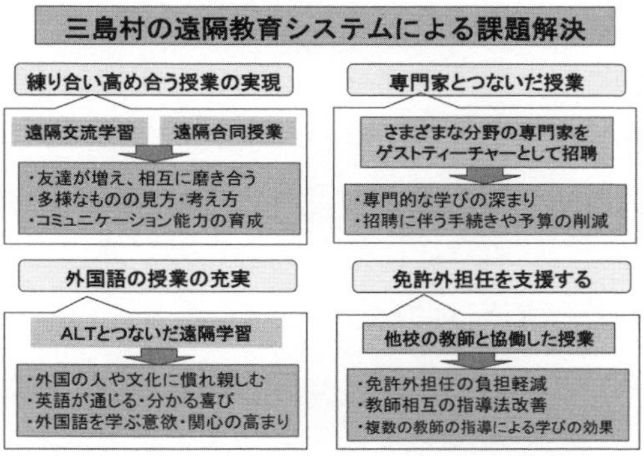

遠隔教育システム（オンライン授業）の推進

(2)保護者・学校・地域，そして教育委員会との連携の推進

三島村は，児童生徒の３分の１が全国各地から親元を離れて来ている山海留学生です。そのため，Web ページや電子メールなどをフルに活用して学校の理念や教育方針，教育活動の内容や子供たちの活動の様子を積極的に情報発信しています。電子メールやホームページだけでなく，Instagram や YouTube など，子供たちが楽しく活動する様子を見て，保護者や里親さんも安心します。また，山海留学の PR にもつながっています。

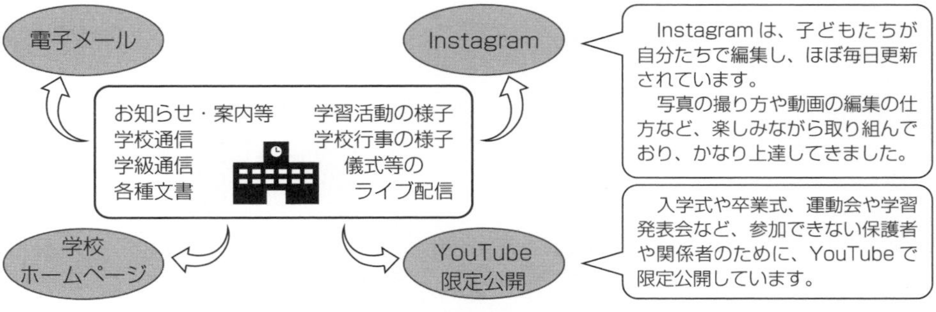

学校からの積極的な情報発信

DX推進のポイント

(1)共通実践事項の具体化・共通理解の徹底・確実な実践

遠隔教育（オンライン授業）を日常的な学習活動として定着させていくためのキーワードは「シンプル」だと考えています。まずは機器の設定や取り扱い，交流学校との日程や時間調整，そして教師同士の打ち合わせなど，これら全般をいかにシンプルにしていくかということが継続のためのポイントです。教師が負担を感じないで実施できる，そして子供の学習効果はもちろん，教師自身の指導法のスキルアップを実感できるからこそより日常的な実践が実現します。

①校時表の統一～日時の調整がスムーズに！　時間割の固定が可能に！～

校時表を統一することで，授業開始時刻が同じになるため，遠隔授業をする際に，学校同士で日時の調整をする負担がなくなりました。また，時間割を固定したり統一したりすることも可能になります。その他，遠隔合同職員研修や遠隔合同教科部会などの円滑な実施にも大きな効果がありました。

２０２０年度校時表

時刻	時間	月	火	水	木	金	土
8:15 ～ 8:25	10	全校朝会 児童生徒朝会 委員会活動	たけのこ （職員朝会）	全校読書	たけのこ	全校体育	たけのこ
8:25 ～ 8:35	10	朝の会・健康観察					
8:35 ～ 9:25	5	チャレンジタイム〈移動・準備・読書・補充・振り返り〉					
	45	1校時					
	10	移動・準備					
9:35 ～ 10:25	5	チャレンジタイム〈移動・準備・読書・補充・振り返り〉					
	45	2校時					

～（一部省略）～

	10	帰りの会	移動・準備			
15:05 ～ 15:55	5	チャレンジタイム〈移動・準備・読書・補充・振り返り〉				
	45	6校時				
	10	職員会議 職員研修	帰りの会			
16:05 ～ 16:45	40		教材研究等	学年部会	企画委員会	学力向上対策委員会 生徒指導委員会 職員作業

授業開始時刻も職員研修の日時も同じに

②テレビ会議システムと協働学習支援ツールの併用

ハードとソフト，デジタルとアナログを効果的に活用することで，遠隔であっても同じ教室にいるような感覚での授業や，従来とは異なる未来型の授業が可能になります。

③通信環境の充実

より安定した通信環境を構築していくことが何よりも基本ベースです。今後，高速大容量通信時代に備えた計画的な整備は重要なポイントになります。

④時間割・学校行事の統一

時間割や定期テスト，さらには学校行事についても，４校の伝統的な学校文化に配慮しつつ段階的に揃えていき，将来的には可能な限り統一することを目指しています。

⑤校務の情報化の推進

文書データベースの設置・文書の共有化，徹底したペーパーレスへの取組，日常的なPC活用によるコミュニケーション，情報セキュリティの確保・危機管理意識向上を推進しています。

校内研修会・4校合同の校内研修会

全ての学校の校内研修に ICT を視点とした研修テーマを設定する。

4校一堂に会した村教育研究大会（夏季）

各学校の実践発表・意見交換を通して，教員相互の交流を図る。また講師を招いて ICT 技術の向上を図る。

先進地・先進校視察

教育委員会と学校現場の連携・協力・推進の在り方について，先進地・先進校の取組に学ぶ。

大学・企業等との連携

・地元大学
・学習支援ソフト企業
・学習塾
・新聞社（デジタル）

ICT 活用のスキルアップ

(2)遠隔授業（オンライン授業）の成果と課題

遠隔教育で，４つの学校が１つの学校となり，絆が深まりました。子供たちにとっては，相手意識の高まりによる表現力の向上，多様なものの見方・考え方との出会い，競争意識・向上心の芽生え，学習活動や学習舞台の広がり，コミュニケーションの楽しさの体験などが成果となりました。また，一人ひとりを大切にする遠隔授業の実践により，「個別最適な学び」の実現や未来の学校教育を創造する教師の意識が高まっています。教師にとっては，教師相互の指導法改善（OJT），専門外教科の指導等の精神的負担の軽減，新しいスタイルの授業の創造，教材準備，校務の簡素化・効率化，ICT リテラシーのスキルアップなどが成果となりました。当面の課題と今後の対策・方向性は次の通りです。

・各学校の年間指導計画の違い　⇒　オンライン教科部会で定期的に確認・調整
・はじめて取り組む教員への支援　⇒　遠隔教育スタートマニュアルの作成
・授業と家庭学習の接続　⇒　タブレットの日常的持ち帰り・ルールづくり
・通信環境の改善　⇒　役場との連携・計画的な整備・支援員活用

（室之園晃徳）

【参考文献】
・文部科学省（2021）「遠隔教育システム活用ガイドブック第３版」
・文部科学省（2020）「教育の情報化に関する手引（追補版）」

9 福岡県教育庁
福岡県学校教育 ICT 活用推進方針
～導入期から活用期，そして発展期へ～

地域の特色と取組の特徴

GIGA スクール構想の加速化は，学校教育の情報化にとって力強い追い風であったと同時に，学校教育の在り方に大きな変革を迫る突風でもありました。令和５年度までに段階的に進める予定であった，義務教育段階での１人１台端末や高速大容量の通信ネットワーク環境の整備を大幅に前倒しして，令和２年度中に全ての市町村において完了すること，そして，教職員がそれらを使いこなして，ICT を活用した授業や学びの保障のためのオンライン学習を実施することは，これまでに経験のない難題でした。

特に，本県においては，教育用コンピュータ１台当たりの児童生徒数や教員の ICT 活用指導力などの学校教育情報化の進捗を示す指標で，全国平均を大きく下回る状況が続いていたことから，市町村間での進捗のばらつきや遅滞が懸念されていました。

そこで，本県の学校教育の ICT 化を迅速かつ円滑に進めるため，令和２年12月に「福岡県学校教育 ICT 化推進計画」を策定し，令和２年度後半から令和３年度にかけての，県教育委員会としての取組内容や市町村教育委員会・各学校が対応すべき事項を提示しました。

学校の取組

(1)複層的な教員研修体制の充実

学校教育の ICT 化の重要な過渡期であった令和２年度後半から令和３年度にかけては，ハード面の整備とソフト面の充実とを両輪として進め，「GIGA スクール元年」といわれる令和３年度から全ての市町村で一斉に ICT 活用のスタートを切れるようにすることが最大の課題でした。令和２年度末までに，各市町村において機材の調達や工事の手配が迅速に進められたことで，児童生徒用の ICT 環境や普通教室における指導者用の ICT 環境等，ICT 活用の前提となるハード面の整備は概ね完了しました。しかしながら，前述の通り，本県の教職員の ICT 活用指導力には以下のように課題がありました（文部科学省「令和元年度学校における教育の情報化の実態等に関する調査結果（令和２年３月現在）」〔確定値〕）。

- 教材研究，指導の準備，評価，校務などに ICT を活用する能力　83.2%（全国平均86.7%）
- 授業に ICT を活用して指導する能力　63.8%（全国平均69.8%）

・児童生徒のICT活用を指導する能力　64.4%（全国平均71.3%）

そこで，令和３年度から，教員の役割やICT活用指導力に応じて，複層的な教員研修を展開しました。なお，本県においては，自治体ごとに導入している端末やOS，学習支援ソフト等が異なっているため，以下に示す②については，端末やOS，学習支援ソフトの組み合わせが同じ市町村の対象教員毎に研修会を実施し，より実践的な研修会になるようにしました。

①　ICT活用基礎研修

ア　対象：小・中学校の希望者（ICTの活用について入門期の教員）

イ　研修回数及び受講者数　延べ12回（集合研修），240名

ウ　主な内容

ネット上の動画やプレゼンテーションソフトの利活用，端末に応じた協働学習，情報モラル，著作権等

②　ICT活用中核教員対象研修

ア　対象：全小・中学校の情報教育担当者１名

イ　研修回数及び受講者数：延べ58回（集合研修），640名

ウ　主な内容

ICT活用指導力向上に係る校内研修，学習支援ソフトを活用した授業づくり

研修の様子1

③　道徳教育研究協議会

ア　対象：全小・中学校の道徳教育推進担当教員１名

イ　研修回数及び受講者数：２回（オンライン研修），659名

ウ　主な内容：情報モラル，情報セキュリティ，規範意識等

④　ICT支援リーダー研修

ア　対象：全市町村教育委員会から各１名（地域の推進リーダーとなる教員）

イ　研修回数及び受講者数：１回（オンライン研修），58名

ウ　主な内容

ICT化推進に係る環境整備，地域内を結ぶオンライン化

研修の様子2

⑤　ICT活用管理職

ア　対象　全小・中学校管理職１名

イ　研修回数及び受講者数：１回（オンデマンド研修），約630名

ウ　主な内容：学校のICT化を推進する管理職の役割

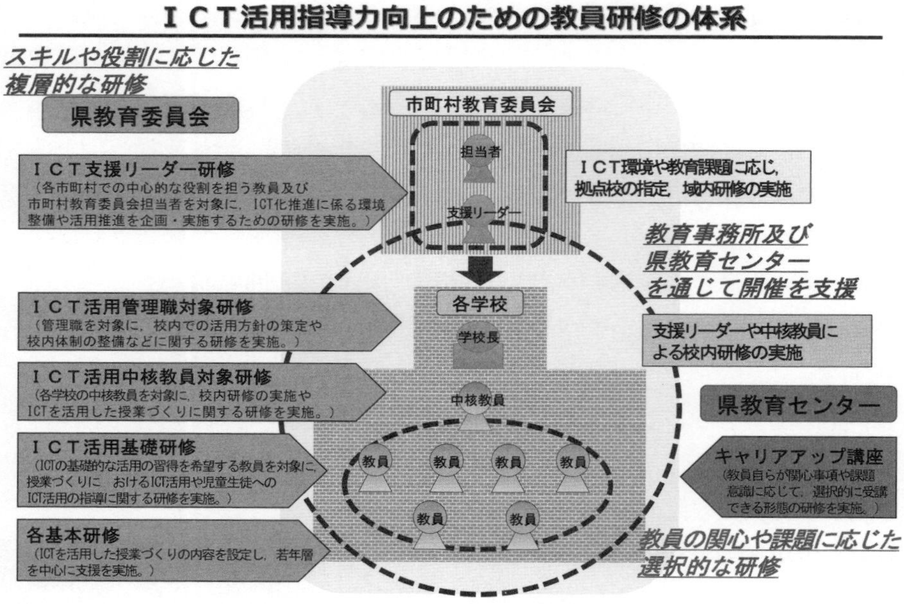

ICT 活用指導力向上のための教員研修の体系

(2)研究指定・委嘱校の指定と研究成果の共有

①情報活用能力向上事業

学習指導要領改訂に伴う情報活用能力の育成に向け，小学校の各教科等及び小・中学校の総合的な学習の時間における系統的なプログラミングモデルカリキュラムの作成・実践等を通じて，プログラミング教育の円滑な実施を図ることを目的として，学識経験者や企業代表，教育行政関係者で構成された「福岡県プログラミング教育推進協議会」を設置するとともに，県内５小学校及び１中学校区（中学校１校，小学校１校）に対して研究指定を行いました。

指定校のうち，小学校５校についてはプログラミング教育全体計画及びプログラミング教育年間指導計画，１中学校区については小・中の系統性を踏まえたプログラミング教育全体計画の作成と実施に取り組みました。県教育委員会では，その研究成果を集約し，「福岡県プログラミング教育授業コンテンツ」としてホームページで公開しています。

ここでは，各指定校が作成したプログラミング教育の全体計画及び年間指導計画を，PDF形式で公開しています。このような資料は，各学校の管理職や推進担当者にとって，同様の計画等を作成・実施するにあたって大変参考になるものです。一方で，プログラミング教育の授業イメージや具体的な指導の在り方，教材・教具の準備等についての情報を必要としている，授業を行う教員等にとっては活用しにくい側面もあります。そこで，各指定校における授業場面の動画やその授業の指導案，学習プリント等，各学校の教員がすぐに授業に活用できるような情報を併せて提供しています。

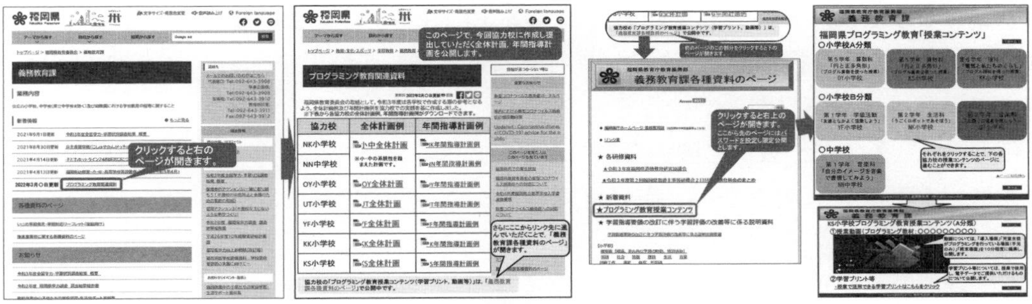

「福岡県プログラミング教育授業コンテンツ」のイメージ

②福岡県重点課題研究指定・委嘱事業

各学校においては，ICT 活用推進の基盤づくりが進捗し，いよいよGIGAスクール構想の趣旨ともいえる，「個別最適な学び」と「協働的な学び」の一体的な充実に取り組む段階を迎え，実践的なICT 活用モデルが求められています。本県の重点課題研究指定・委嘱事業では，学びの個別最適化を実現する教育活動（令和２・３・４年度）と確かな学力を育む１人１台端末の効果的活用（令和３・４・５年度）の課題を設定し，合わせて６市町村において実践的研究を推進しています。

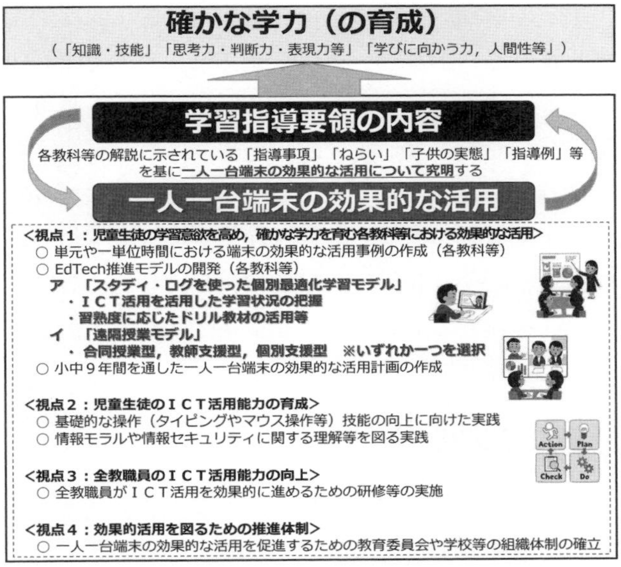

確かな学力（の育成）

教科指導での ICT 活用の特性・強みの生かし方，主体的・対話的で深い学びに向けた授業改善，情報活用能力等を育成するための学習活動やカリキュラム・マネジメント，スタディ・ログの活用などについて取り組んだ成果を，報告会等で県下に広く普及する予定です。

教育委員会の取組

ここまでに述べた県教育委員会の取組と併せて，令和３年度には，各市町村・各学校においても，ICT 化に向けた導入準備や試行錯誤が懸命に進められており，様々な ICT 活用実践が着実に広がっています。このような動きは，これまでの教育実践と ICT 活用との最適な組み合わせによる「新しい教育」の実現に向けた変化の芽となるものであり，大切に伸ばしていかなければなりません。一方で，学校教育のICT化には着実な進捗が見られるものの，引き続き残っている課題や進捗に伴って新たに顕在化した課題もあります。

第1の課題は，市町村間・学校間での進捗状況や活用水準の差異です。全ての児童生徒がICT化の恩恵を受けて，教育の機会均等と水準の確保が図られるようにすることが重要ですが，今後のICT活用の進捗とともに，市町村間や学校間でその差異がさらに拡大していくことが懸念されます。

第2の課題は，ICT活用の資質・能力の着実な育成への寄与です。ICT活用は，学習指導要領において育成を目指す資質・能力を着実に実現するための道具立てとなるものであり，活用すること自体が目的ではありません。また，従来型の教育実践とICT活用とは対立したり優劣を議論したりするものではなく，相互に補完し合うことが重要です。

第3の課題は，児童生徒が安心・安全にICT活用できる条件の整備です。学校教育のICT化が加速する以前から，既に児童生徒にとってICT機器やインターネットは身近な存在であり，インターネットやSNSにおいてトラブルに遭うリスクにさらされていました。今後，学校教育においても社会活動においても，ICT活用が不可欠であるという前提での対応が必要です。

第4の課題は，ICTを活用した学校における働き方改革の推進です。過渡期である現在，ICT化に対応するために教職員の負担が増加してしまっている，という指摘もあります。教職員の負担の軽減を図り，学校教育を持続可能なものとするためには，業務効率化のためのICT活用を積極的に進めることが重要です。

DX推進のポイント

学校教育のICT化の進捗状況等を踏まえると，令和2年度に策定した「福岡県学校教育ICT化推進計画」のように，短期的に時期を設定して対応すべき事項を列挙することについては，既に役割を終えたと考えられます。一方で，教育の機会均等と水準の確保を図りつつ，ICT活用の健全な推進を図る上では，ICT活用による「新しい教育」の姿やその実現に向けて取り組む事項等についての，今後3年間程度の中長期的な方向性を，県教育委員会と各市町村・各学校とで共有しておくことが重要であると考えました。

そこで，令和4年3月に策定した「福岡県学校教育ICT活用推進方針」においては，ICT活用による「新しい教育」の姿，その実現に向けたステップについて県教育委員会としての基本的認識を明らかにするとともに，学校教育ICT化の諸課題の解決に向けて，今後，重要となる各事項についての現状と課題及びそれを踏まえた今後の対応方針を提示しました。これらは，ICT活用の導入期から活用期への着実な進捗，そして発展期への飛躍に向けて取り組む，今後3年間程度の対応方針と位置付けています。

なお，基本的認識の部分については，今後の3年間程度は維持できるものと考えられますが，今後の対応方針については，国や社会の動向，機器や技術の進歩，本県の進捗状況・課題等に応じて適宜見直しを図る必要があると考えています。

(1)ICT 活用による「新しい教育」の姿

本県が今後３年間程度の間に実現を目指す「新しい教育」の姿とは，ICT 活用を目的とした教育ではありません。新学習指導要領が掲げる資質・能力を育成することを目的とし，ICT 活用をこの目的の実現のための道具立て，授業改善に向けた有効な手段の一つとする教育です。

つまり，これまでの教育実践と ICT 活用とを，教育目的や児童生徒の実態・発達段階に応じて１コマの授業，１つの単元，年間の指導計画，小中９年間の教育課程といった各階層の中で，適切に組み合わせて効率的・効果的に学校教育活動を展開することが，本県の考える「新しい教育」の姿であり，その一日も早い実現を目指すものであります。

(2)ICT 活用と情報活用能力の育成との関係

新学習指導要領においては，はじめて「情報活用能力」を学習の基盤となる資質・能力と位置付け，教科等横断的にその育成を図ることが示されました。併せて，その育成のために必要な ICT 環境を整え，それらを適切に活用した学習活動の充実を図ることとしており，情報教育や教科等の指導における ICT 活用など教育の情報化に関わる内容の一層の充実が図られています。また，各教科等の特質に応じて，適切な学習場面で情報活用能力の育成を図ることが重要であるとともに，そうして育まれた情報活用能力を発揮させることにより，各教科等における「主体的・対話的で深い学び」へとつながっていくことが一層期待されるとされています。

情報活用能力は ICT 機器を使いこなすスキルやプログラミング能力等を指すものという考えも一部にありますが，文部科学省（2020）『教育の情報化に関する手引（追補版）』においては，「世の中の様々な事象を情報とその結び付きとして捉え，情報及び情報技術を適切かつ効果的に活用して，問題を発見・解決したり自分の考えを形成したりしていくために必要な資質・能力である」とされています。「より具体的に捉えれば，学習活動において必要に応じてコンピュータ等の情報手段を適切に用いて情報を得たり，情報を整理・比較したり，得られた情報を分かりやすく発信・伝達したり，必要に応じて保存・共有したりといったことができる力であり，さらに，このような学習活動を遂行する上で必要となる情報手段の基本的な操作の習得や，プログラミング的思考，情報モラル等に関する資質・能力等も含むもの」です（p.18）。

(3)「新しい教育」の実現に向けたステップ

これまでの教育実践と ICT 活用とを適切に組み合わせた効率的・効果的な教育活動を展開するためには，ICT 活用の特性・強みを踏まえて，活用する場面や機能を工夫する必要があります。

ICT 活用の特性・強みを生かすことで，「主体的・対話的で深い学び」の実現に向けた授業改善や，「個別最適な学び」と「協働的な学び」の一体的な充実につなげ，情報活用能力等の従来はなかなか伸ばせなかった資質・能力の育成や，今までの学習方法では困難さが見られた児童生徒の一部への効果の発揮，今までできなかった学習活動の実施が可能になると考えられます。学校教育における ICT 活用の進捗段階を示すモデルとしては，『SAMR モデル』をはじめ様々なものがありますが，これまでの教育実践の一部として ICT を活用する段階から始まり，ICT 活用の特性・強みを生かした活動が広がる段階を経て，教育や指導の在り方自体を見直す段階「学びの DX」へと進化していくという考え方は，概ね共通しています。

本県の ICT 活用に関する重点課題研究において専門委員を委嘱している，中村学園大学教育学部の山本朋弘教授のモデルによれば，ICT 活用の様態を，活用の主体は教師か子供かという観点と，活用の場面は授業中心か授業以外にも及ぶのかという観点との２軸で分類した上で，導入期・活用期・発展期の３段階で整理されています。

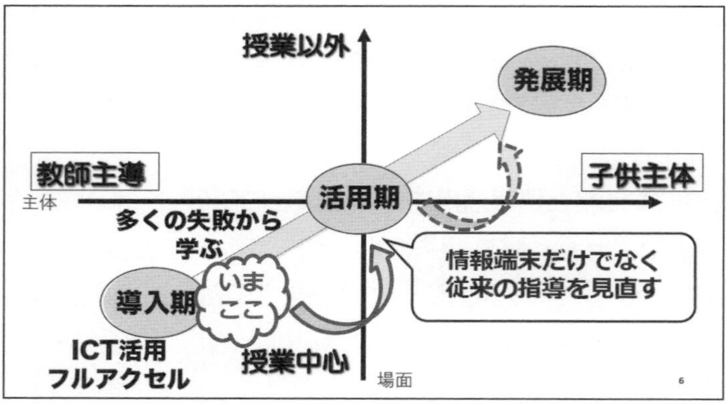

令和３年度においては，多くの学校・教室において，大型提示装置による一斉学習として，教師主導・授業中心の導入期の実践が展開されました。また，１人１台端末の効果的な活用として，個別学習や協働学習という選択肢が広がったことにより，子供を主体とする活用期の実践が増加しつつあります。さらに，ICT 活用の特性・強みを生かすことで，今まではできなかった学習活動の実施が可能となり，探究プロセスでの活用や，授業以外の場面での活用への挑戦も始まりつつあります。今後３年間程度の間に，全ての学校・教室において，導入期・活用期の実践が着実に行われるよう足場を固めて，発展期の実践への挑戦を広げていきたいと考えています。

教師のICT活用　基本的指導

協働的な学び

ICT を活用した学校教育活動を推進することに対しては，「ICT を活用することが目的化していないか」「教科の見方・考え方と関連付けられているか」「深い理解や知識の定着につながっているか」などといった懐疑的な意見もあります。そして，現時点におけるICTを活用した実践の一部には，必ずしも教育効果が高くないと思われるものも存在すると考えます。

ICT活用の推進により教育や指導の在り方自体を見直す「学びのDX」を目指すことは，将来的な目標として重要なことですが，日本型の学校教育として高く評価されてきた，これまでの教育実践の蓄積を軽視したり，学習指導の基本を否定したりすることは，本県の目指す「新しい教育」の姿ではありません。導入期である現時点においては，まずは，これまでの教育実践において大切にしてきた効果の高い授業づくりの視点を基盤としつつ，それらをさらに充実させるために，ICT活用の特性・強みを生かしていくことが基本であると考えています。

一方，導入期だからこそ，時には挑戦的にICT活用の試行錯誤に取り組み，新しい授業構想の糧となる活用方法やスキルを蓄積していくことも大切です。これまでの教育実践を基盤とした堅実なICT活用による授業と，これまでにはない挑戦的なICT活用による授業とを，授業者が明確に自覚した上で，意図的に組み合わせて実践していくことで，本県の目指す「新しい教育」の姿として目指すべき授業へと近づいていけるものと考えられます。

これまでの教育実践とＩＣＴ活用との適切に組み合わせた「新しい教育」

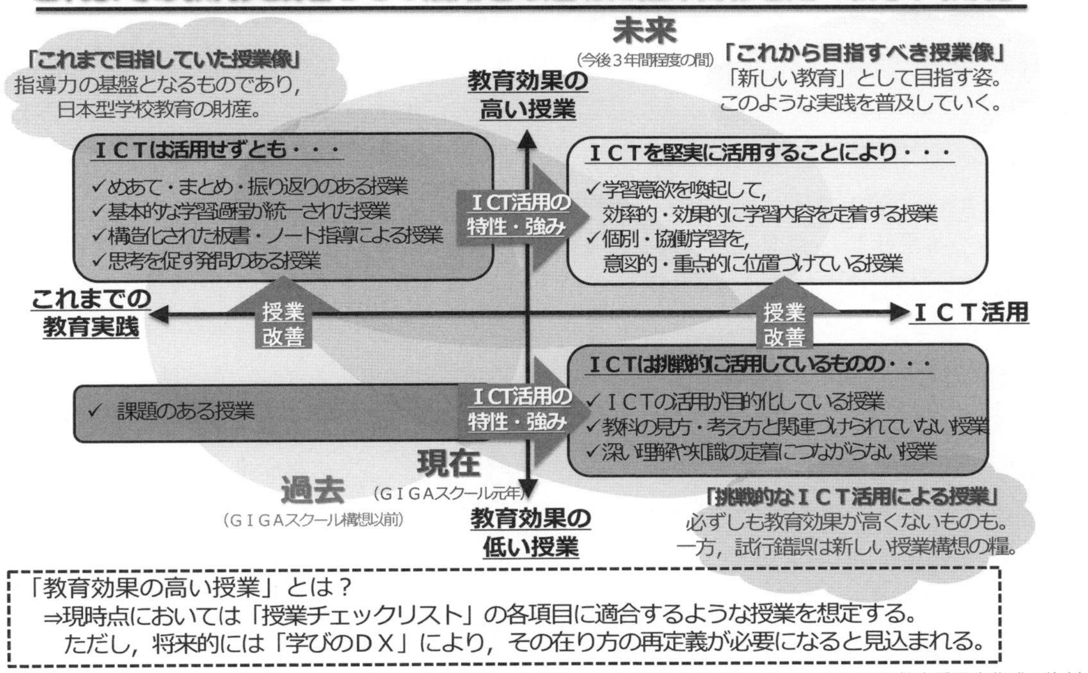

未来
(今後３年間程度の間)
「これまで目指していた授業像」
指導力の基盤となるものであり，
日本型学校教育の財産。
「これから目指すべき授業像」
「新しい教育」として目指す姿。
このような実践を普及していく。
教育効果の
高い授業
ＩＣＴは活用せずとも・・・
✓めあて・まとめ・振り返りのある授業
✓基本的な学習過程が統一された授業
✓構造化された板書・ノート指導による授業
✓思考を促す発問のある授業
ＩＣT活用の
特性・強み
ＩＣＴを堅実に活用することにより・・・
✓学習意欲を喚起して，
効率的・効果的に学習内容を定着する授業
✓個別・協働学習を，
意図的・重点的に位置づけている授業
これまでの
教育実践
授業
改善
授業
改善
ＩＣＴ活用
ＩＣＴは挑戦的に活用しているものの・・・
✓ 課題のある授業
ＩＣT活用の
特性・強み
✓ＩＣＴの活用が目的化している授業
✓教科の見方・考え方と関連づけられていない授業
✓深い理解や知識の定着につながらない授業
現在
(ＧＩＧＡスクール元年)
過去
(ＧＩＧＡスクール構想以前)
教育効果の
低い授業
「挑戦的なＩＣＴ活用による授業」
必ずしも教育効果が高くないものも。
一方，試行錯誤は新しい授業構想の糧。

「教育効果の高い授業」とは？
⇒現時点においては「授業チェックリスト」の各項目に適合するような授業を想定する。
ただし，将来的には「学びのＤＸ」により，その在り方の再定義が必要になると見込まれる。

※授業チェックリスト・・・学習過程の各段階における授業参観の視点を示した福岡県教育委員会作成の資料

（中島　正之）

【参考文献】
・文部科学省（2020）「教育の情報化に関する手引（追補版）」

10 福岡県福岡市
ICT を活用し新しい時代を生きる児童の育成を目指す学校経営

地域の特色と取組の特徴

(1)「花と緑とかがやく笑顔いっぱいの百道浜小学校」をキャッチフレーズに

本校（福岡市立百道浜小学校）は令和３年度福岡市教育委員会校内研究推進事業授業公開を行うなど，校内研究をはじめ，日々の学習指導にも熱心に取り組む職員集団です。また，福岡市内小学校で唯一のユネスコスクール認定校という特色もあります。児童は470人前後の中規模校であり，教職員も30人程度です。児童の実態としては，児童が学習に前向きで，保護者も教育に熱心であり，学校運営にも協力的です。市内でも数少ない運動場が芝生という緑豊かな環境も地域・保護者の方々のお力添えのおかげです。

同時に，コロナ禍に伴い学校とのつながりの機会が十分にもてない状況への不安や要望もここ数年感じられる現状です。教職員は経験年数が若い担任が半数以上という職員構成ですが，学校経営方針に則り，自己の校務分掌での参画意識は年度末の学校内評価でも肯定的評価が100%と高く，積極的に取り組む風土が醸成されています。

このような恵まれた環境をもとに，ICT を活用し新しい時代を生きる児童の育成を目指す学校経営に取り組むことは，大変意義のあることだと考えています。

(2)百道浜小スタイルの創造を目指して

ICT を活用し新しい時代を生きる児童の育成とは，日常生活の中の様々な場面で ICT を用いることが当たり前になってくる新しい時代を生きるために，情報や情報手段を主体的に選択し，活用していくための基礎的な資質としての「情報活用能力」を身に付け，情報社会に対応していく力を備えた児童を育成することだと考えます。その実現のために，GIGA スクール構想により実現された１人１台端末の環境を活用し，子供たち一人ひとりに公正に個別最適化された教育を提供できるように，児童の育成の面と教職員の働きやすい職場づくりの面とを学校経営の基本構想におき，より具体的に進めるという「百道浜スタイル」を目指しています。

百道浜小スタイルでは，次ページの図のように情報活用能力・判断力の育成，「個別最適な学び」と「協働的な学び」のベストミックス，校務改善，職員間の多様なコミュニケーションの活性化を柱として，全教職員で取り組んでいこうとしています。

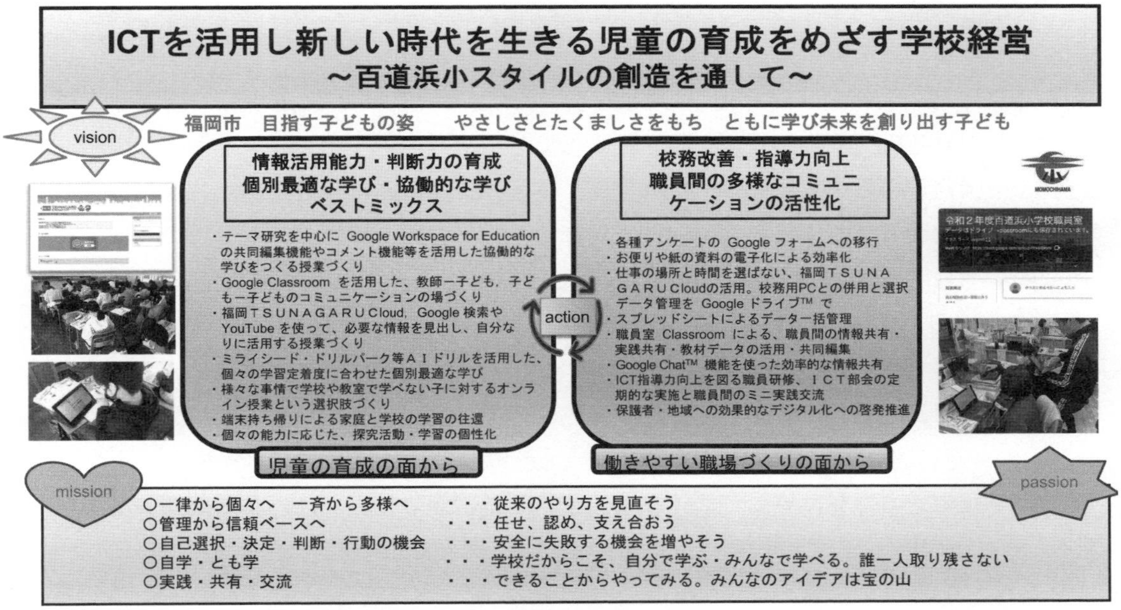

百道浜小学校　ICT 教育推進ビジョン

(3)ピンチこそチャンスに

校長として子供たち・職員一人ひとりを大切にしながら，学校経営に取り組み，令和２年度３学期から，福岡市の ICT を活用した教育の先進的な取組に向け，スタートした本校の教育活動でしたが，度重なる新型コロナウイルス感染症拡大防止対策による教育活動の制限により，思うような推進ができないかと思われた令和２年度の終わりでした。しかしながら，令和３年度，コロナ禍でも「学びを止めない」「研修を止めない」を合言葉に，全教職員とともに取り組んだ実践が学校をアップデートしています。その取組を発信することが，花と緑とかがやく笑顔いっぱいの百道浜小学校の具現化につながると確信しています。

学校の取組

(1)他者と関わりながら自分の考えを確かにしていく子供を育成する学習指導の研究と，ICT の効果的な活用による子供たちの学びの授業づくりの推進

福岡市教育委員会校内研究推進事業授業公開を機とし，他者と関わりながら自分の考えを確かにしていく子供を育成する国語科・社会科学習の研究と，ICT の効果的な活用による子供たちの学びの授業づくりの推進に取り組みました。コロナ禍により，令和２年度の授業公開実施が１年見送られ，かつ，来校対面での授業公開・協議会ではなく，クラウドでの動画コンテンツ公開と Web オンライン協議会という新たな研修スタイルで臨むことになった令和３年度で

した。また，感染症対策としての対話活動の制限をいかに克服して授業をつくることができるかを模索した校内研究の推進でもありました。

しかしながら，令和２年度12月より積極的に活用していたICTにより，できないと思われたこと（班対面での対話活動）が，できるようになった（１人１台端末を活用した対話活動）こと，校長の日々の教室参観での子供の姿を，主任・推進部員に伝え意識化させながら，授業づくりの推進に取り組むようにしていきました。

研究内容としては，次の３つを中心に進めていきました。

① Google Jamboardを活用した学習問題の設定

手立て：単元の導入において児童が主体的に学ぶことができるような資料を教師用端末からスクリーンに提示し，気付きや疑問をICT付箋機能に書き込み，子供たち同士で意見を共有し，そこから生まれる共通点や差異点から学習問題を設定します。

変　容：全体での交流発表だけでは，子供たちの意見の集約等に時間がかかりますが，この機能ではスクリーン上で友達の考えを一覧できるため，活発な意見交換ができ，一人ひとりが学習問題づくりに向き合う時間も十分に確保することができました。

有効性：学習問題を設定する時間と，考えの共有に，ICTが効果的に活用できました。

②対話活動の型の工夫

手立て：単元の追究において児童が主体的に考えをもち，交流できるように，端末を使い，考えの根拠となる資料や表現物を，Googleスライドで作成し，思考ツールを活用したGoogle Jamboardの共同編集機能によって友達の考えを学ぶことができるようにします。

端末を活用した対話活動

変　容：本校が特に大切にしている対話活動について，感染症対策で制限がある中でも，１人１台端末の活用で，考えの同質グループ，考えの異質グループの表現物をクラウド上で容易に共有し，考えを聴き合い，自分の考えを修正・付加することがスムーズにできました。

有効性：グループ活動時に，思考ツールを各グループに配布し，共同編集機能を活用することで各グループの話合いの様子も一目で共有することができ，各グループの対話活動につながりをもたせ，学習問題の答えをつくることにICTが効果的に活用できました。

③考えの可視化

手立て：単元の終末において児童の考えの変容を見取る際，各自の考えを適宜記したGoogle スライドでの変容の見取りや，Google フォームによるアンケートで考えの可視化を行います。

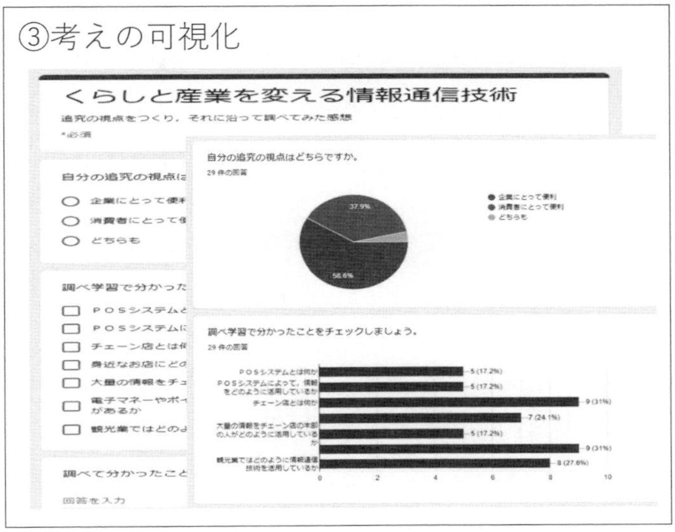

Google フォームを活用した考えの可視化

変　容：Google スライドや Google フォームを活用し，学習を通して自分の考えがどのように変容していっているのかを，全体での交流の後だけでなく，自分ですぐにクラウドのデータで振り返りを行うことができました。また，Google スライドに，日付を記載するなどしてポートフォリオとしても活用することができました。

有効性：Google フォームを活用した振り返りは，みんなの振り返りがグラフとして共有でき，友達の振り返りから，自分の考えが他者と関わることで変容し学ぶことができたことに気付く，互恵的な学びにつなげることができる仕組みづくりとしても，ICT が効果的に活用できるといえます。

(2)校長自らが取り組む校務の情報化「クラウドサービスで全児童から意見収集」

学習だけではなく，Google フォームを活用した意見収集は，みんなの振り返りがグラフとして即座に共有できます。そこで，児童も教師もそのよさを実感できるように，まず校長自らICT 活用を行いました。クラウドサービスを用いることで，児童全員に直接アンケートに答えてもらうことができ，結果もすぐにグラフ化され，そのツールを使い，オンライン朝会でみんなにアウトプットできるという強みを活かした校務の情報化ができています。

教育委員会の取組

(1)授業におけるICT環境の整備とその効果

福岡市では，「福岡市教育ICT活用推進事業（令和２年度１月通知）」の一環として，全ての市立学校の普通教室にプロジェクター，スクリーンとWi-Fi環境が整備され，授業を行う教員に指導者用タブレット端末が配布されました。これにより大きく３つの効果がもたらされました。

・児童の学習意欲の向上：学習教材や児童の考えが書かれたノートがプロジェクターにより黒板の半分に大きく映し出されることによって，児童の学習への意欲が大変高まりました。
・教職員の校務改善：これまで児童に板書で提示する教材の準備は，拡大プリンタ等を活用して主に放課後の時間を使い準備を行っていました。ICTを活用することにより，提示資料の準備の手間がなくなり校務の効率化が進みました。
・授業の変革：授業の場面では児童生徒の考えを，１人１台端末を活用して比較する機会が増え，これまで以上にお互いの感性や考え方に触れることのできる，新たな授業スタイルが生み出されています。

(2)児童の学びを止めないオンライン授業の推進

新型コロナウイルスの影響による学校の一斉休校が明けると，感染不安等で登校できない児童に対する学力保障が課題となりました。令和２年６月に福岡市教育委員会主催で開催された「オンライン授業に関する説明会」では，「学校と家庭をつなぐ授業プラン」が提案されました。このプランをもとに，さっそく本校では，新型コロナウイルスの影響で登校できない児童に対して，指導者用タブレット端末を活用した双方向のオンライン授業を開始しました。

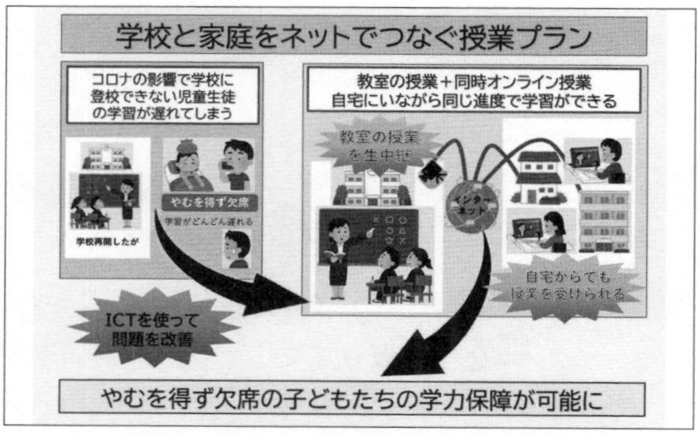

オンライン授業に関する説明会資料（抜粋）

オンライン授業を開始するために，準備段階では，全児童の家庭のネットワーク環境を把握し，環境が整っていない家庭には福岡市が用意したWi-Fiルータを貸与しました。その上で該当児童の保護者との配信テストを行いました。さらに，オンライン授業の内容と方法を全教職員で確認し，登校できない児童に対して双方向のオンライン授業を実施しました。オンライン授業を行うことで，保護者の方々からは「教壇に立つ担任の先生の様子や，板書の内容も見ることができるので安心して授業に参加できる」など多くの安心の声をいただきました。

(3)授業づくりのための校内研修体制づくり

福岡市が令和２年11月末までに全ての児童に１人１台端末を導入することを決定した際，本校では，子供たちが１人１台端末を活用しながら「主体的・対話的で深い学び」を実現できる授業づくりの研修の必要性を強く感じ，さっそく研修体制を見直すことにしました。福岡市教育委員会からは，令和２年９月に「福岡市における１人１台端末を活用した授業・研修方針」（右図）が通知され，各学校における１人１台端末活用の推進の在り方が示されました。本校では，教育センターの「１人１台端末活用推進リーダー研修」を受講した推進リーダー（情報教育担当）が講師となり，教職員の個々の活用指導力向上のための様々な校内研修を実施しました。

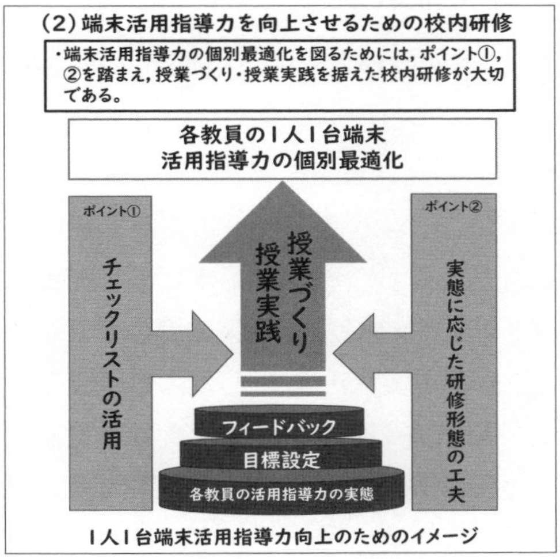

1人1台端末を活用した授業・研修方針（抜粋）

(4) １人１台端末を活用した授業のための環境整備

①学校規模に応じたネットワーク環境

福岡市の児童生徒は，市全体で12万人以上います。新たなネットワーク環境を構築するにあたり，全ての児童生徒の端末が授業においてスムーズにつながり学習できるように，十分な活用頻度を想定し，学校規模に合わせたネットワーク環境を整備しています。学校が授業に専念できるよう，必要に応じて回線数の増設や故障・修理の組織的な対応等を行っています。

②福岡 TSUNAGARU Cloud からの学習動画配信

福岡市は，独自の教育専用クラウドから，全学年全単元の動画を2000本以上配信しています。１か月の再生回数は１日平均3300回程度です。児童は自分の端末からクラウドに接続し，いつでもどこでも自主的に視聴できるようになっています。本校では，端末持ち帰りの際に，自分での学びために活用しています。また，令和４年度からは，毎月情報モラルに関する動画も紹介されていますので，さらなる活用が進められています。

③定期的な端末活用状況調査の実施と活用事例の配信サポート

福岡市教育委員会は各学校の端末活用状況調査を定期的に実施し，調査結果を共有することで各学校が自校の課題を把握できるようになっています。さらに，校内研修や自主研修で活用できる教育 ICT 推進通信を定期的に教職員全員に配信し，その中で ICT 機器の効果的な活用などを紹介しています。

DX 推進のポイント

(1)ICT を活用した新しい学校教育活動の具体化

①Web 会議ツール機能を活用した児童主体の「オンライン児童総会・代表委員会」

オンライン児童総会・代表委員会

1人1台端末の配備で，まず取り組んだのが，教室での Web 会議ツール機能を活用した毎月のオンライン全校朝会です。この利点は，ア：子供たちの様子が，画面を通してでも映ることで，一体感を感じながら朝会など，コロナ禍でも心を一つにした取組ができること。イ：担任が Web 会議ツール機能に慣れることで，オンライン授業への取りかかりを早くできること。ウ：提案担当の職員が Google スライドの作成に取り組み，そのデータを共有することで，いつでも指導を振り返るために活用できることなどが挙げられます。

令和２年度の12月から繰り返し使っていた機能だったので，子供たち自身も使い方や見せ方などを意識しながら，密を避けつつ全校の想いを一つにできるオンライン児童総会を，５・６年生の計画委員会の児童を中心に運営することができるようになっていきました。自分たちで会場を整え，シナリオを確認し，時間になったら始めるという風景が当たり前になっています。担当教師は，あくまでも見守り役で，子供たちの頑張りを価値付けることができています。

②委員会活動での Google Classroom を活用した日常的な活動のアップデート

各学級の Google Classroom の活用が日常化した頃，５・６年生主体の委員会活動でも委員会用 Classroom を作成し，活動を行うようになっています。コロナ感染対策として，異学年での活動時間を控えていた分，担当活動週にあったことを各々でストリームに引き継ぎ事項として上げたり，活動のためのプレゼンテーションづくりで共同編集したりと，子供たちが柔軟に使う活動を進んで行っています。

担当教師は，できあがったポスターを印刷したり，職員連絡会でアンケート実施のお願いをしたりするサポートが主な仕事になっています。校務改善でもあり，授業以外での活用に移行しつつある今，子供の主体的な学びの発展でもある日常使いが当たり前になっていく様子は，ICT を活用し新しい時代を生きる児童の姿そのものでもあると思います。

(2)「今できることに心を込めて！」百道浜スタイルのアップデート

「言うは易く，行うは難し」という諺にもあるように，ICT 活用推進ははじめはハードルの高いものだと考えます。しかし，本校は，「トライ＆エラー」を合い言葉に子供たちのために今できることに心を込めてという思いで，次のことに取り組んでいます。

①校長自ら，率先して行動し，適材適所・人材を育て活かすこと

DX 推進には，先進校の取組を学ぶしかないと考え，あらゆるオンラインセミナーに参加し，積極的に情報を集め，校長・教頭・教務で打ち合わせ，職員に提案しました。そして，はじめての取組は，必ず校長自ら行いました。Google フォームを使っての全児童へのアンケート実施と集計を使ったオンライン終業式での振り返りなど，今では当たり前に行うことができるようになった私ですが，相変わらず失敗やトラブルはつきものです。でも，その姿はきっと「失敗しても，大丈夫。チャレンジあるのみ」と職員には映っているのかもしれません。

ICT を活用した学校経営は，校長一人でできるものではありません。職員一人ひとりが自分の立場・経験・考え・関係性などをもとに，それぞれのカラーを発揮して，実現されるものだと考えています。今回の方略も，この百道浜の全ての職員がいたからこそ，アップデートでき実践につないでいます。できる人ではなく，やろうとする人にやらせてみることが，人材を活かすことにつながると考えています。

②保護者，地域，外部にも ICT を活用した学校教育活動の発信を

ア　学校サポーター会議・ホームページでの ICT 活用の取組の発信

１人１台端末活用の授業を保護者・地域の方に参観していただき，ICT 活用の取組の発信をしています。学校サポーター会議や学校だより，ホームページでも周知しているので，取組への理解と協力を仰いでいけると確信しています。学校の取組を積極的に発信することによって，新しい学びの変革をサポートしていただける土台づくりが欠かせないと考えています。

イ　欠席連絡フォーム等の運用による ICT 環境での校務改善の推進

令和３年12月，教育委員会の「連絡手段のデジタル化の推進について」（通知）を受け，欠席連絡に関する Google フォームづくりに取り組み，試行期間を経て本年度も継続運用を行っています。保護者にも学校にも安心な活用として定着しています。朝の電話対応の激減は，職員室の業務軽減にもなり，子供たちを教室で迎える担任の表情も明るいです。また，子供たちが登校後，児童用端末を開き，朝の健康観察を入力しているそばで，担任は，Google スプレッドシートでのリアルタイムの欠席連絡を把握することもできています。現在，保護者アンケートや様々な参加確認等も Google フォームで集計を済ませるなど，校務改善の方略として今後も積極的な ICT 活用を図れる可能性が広がっています。

今後は，本校のテンプレートを情報共有可能の Google サイト™ にアップして，他校にも活用のよさを広げていくことも，「百道浜スタイル」のアップデートの役割だと考えています。

（酒井美佐緒）

【参考文献】
・堀田龍也ほか（2020）『学校アップデート』さくら社
・堀田龍也ほか監修（2022）『続・GIGA スクールはじめて日記』さくら社

おわりに

本書で取り上げた教育委員会や学校の関係者は，予算の獲得や執行を進め，１人１台端末の環境を整備することに大きく関わるわけですが，その関わりをICT環境の整備にとどまらせず，各学校での活用まで深く関わっています。整備した端末環境の活用は，学校が担当するという考え方ではなく，教育委員会と学校，教師が一丸となって，整備から活用まで取り組んでいくことが大切です。最後に，本書で取り上げた自治体や学校の取組で共通している点に注目して，今後考えていくべき視点として，いくつかの内容に整理してみました。

授業をコーディネートできる教師

本書で取り上げた好事例からもわかるように，児童生徒１人１台の情報端末の環境をどう活かすのか，教師の指導力が大きく関わってきます。教員研修をどのように進めたらよいか相談を受けることがありますが，教師のスキルアップをイメージされていることが多いようです。しかし，今後求められるのは，教師のICTスキルの向上だけでなく，むしろ児童生徒がICTを活用する授業を「コーディネートできる」教師の育成です。

１人１台端末の環境が当たり前になった現在では，児童生徒が教師以上のICTスキルを習得していることが出てきます。これからは，教師が児童生徒のICTスキル以上を習得しなければならないといった考え方ではなく，児童生徒のスキルが発揮できるように支援していくことが求められます。児童生徒がICTを活用する授業を「コーディネートできる」教師を育てるために，どのような授業イメージを共有すればよいのでしょうか。学校や地域で，今後目指すべき授業イメージはどのような内容でしょうか。

まずは，教師主導の授業から学習者主体の授業に転換していく必要があります。その具体的な方向性として，「令和の日本型学校教育」の姿として提示されている，「個別最適な学び」と「協働的な学び」の一体的な充実が挙げられます。「個別最適な学び」では，児童生徒が自己調整しながら学習を進めていくことができるよう指導することが重要です。また，「協働的な学び」では，時間的・空間的な制約を超えて，今までにない方法で，多様な人たちと協働しながら学習できるように支援することが求められます。そして，「個別最適な学び」と「協働的な学び」を一体的に捉えていくことも必要です。

これからの社会を見据えて，児童生徒に必要となる資質・能力の育成に向けて改訂された学習指導要領の趣旨を踏まえ，「個別最適な学び」と「協働的な学び」という観点から，ICTの新たな可能性を指導に生かした授業改善につなげていくことが重要と考えられます。

「令和の日本型学校教育」の姿

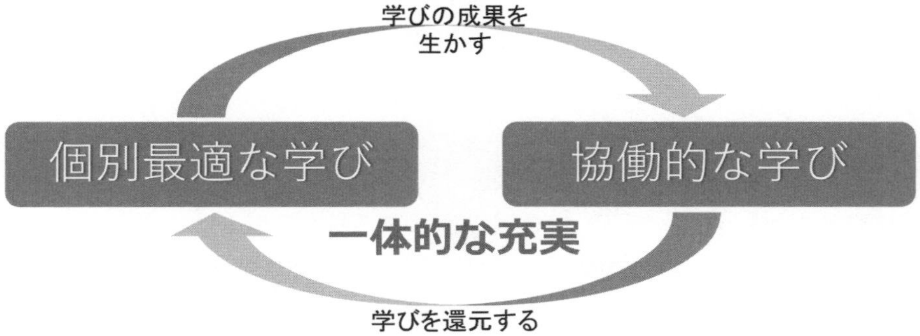

１人１台端末を用いた学習として，ドリル系アプリを用いた学習を子供たちが進めるケースが見られます。ドリル系アプリを子供たちに与えて，あとは子供たちが進めてくれるといった活用では，「個別最適な学び」とは言い難いです。どのような内容がその子供に最適なのか，その子供のつまずきを見つけて支援を行うなどが必要です。そうしなければ，同じ問題を何度も繰り返し行って，ポイントやスコアを集めることに終始してしまいます。

「協働的な学び」は，教室の中でのグループや全体で話合いを行うことだけではありません。子供同士，子供と教師で情報を共有して，共同で編集したり制作したりする活動も，「協働的な学び」といえます。また，「協働的な学び」では，学校間の交流学習，専門機関や海外とつないだ共同学習など，教室以外の空間も含みますので，子供たちの学びの範囲を空間的・時間的にも広げていくことが重要です。

１人１台端末を用いた情報の共有では，授業支援システムを用いて，教室全員の子供の考えを共有して，それらを一覧表示する授業場面が見られます。この共有や一覧表示は，デジタル化するメリットであり，その共有や一覧表示が授業の中で有効に機能しなければなりません。考えを一覧表示して終わりではなく，全員の子供の考えをじっくり読んで，子供同士のコミュニケーションや議論の場に活かしてほしいと思います。

リーダーシップを発揮できる環境

(1)管理職のマインドセットを変える

「マインドセット」とは，ものの見方や考え方といった思考様式を指しますが，校長や教頭等の管理職がどのような学校経営を進めるか，管理職のマインドセットが学校経営に大きく関わります。学校の情報化についても同様であり，管理職が古い固定化されたマインドセットのままで対応すれば，一向に進展しないことが考えられます。管理職が，学校 CIO（学校の最高情報責任者，Chief Information Officer の略）として，これまでの教育現場の常識にとらわれない，柔軟な考え方で対応できるように進めていくことが求められます。また，教育長や教育次長といった，教育 CIO（教育委員会の最高情報責任者）にも同様のことがいえます。教育の新たな内容や方法について意欲的に研究して，柔軟な見方や考え方でトップリーダーとして対応することが期待されます。

(2)管理職のマネジメント研修

１人１台の情報端末を有効に活用していくには，管理職の理解とリーダーシップが欠かせません。教育委員会は，校長や教頭等の管理職が学校 CIO として学校の情報化を推進できるように，管理職向け研修を進めていくことが必要です。例えば，各研修機関で実施する校長，副校長，教頭等を対象とした管理職研修に，授業での ICT 活用，情報セキュリティ等に関する内容を加えていくことが必要です。

また，管理職は学校全体の活用を推進するリーダーであるという認識をもち，自らの校務においても率先して ICT 活用を進め，教職員に積極的に働きかけるように進めてほしいところです。特に校内研修の計画策定や実施を円滑に進めるためには，担当者を１人にするのではなく，チーム体制で問題解決ができるよう，複数体制で研修を進めることが望ましいと思われます。

(3)チームによる研修体制

本書で取り上げた事例では，ICT スキルに長けた教師一人がリーダーとなって研修や支援を進めるのではなく，地域や学校で研修体制が構築されていて確実に機能しています。また，研修リーダーを複数育成して，チームで研修や支援を進めるようにしています。さらに，大学や企業等の外部人材を有効に活用しながら，研修や支援を充実させています。

教師の ICT 活用指導力を高めるには，前述した通り，ICT スキルを高める研修だけでなく，授業をコーディネートできるための研修が必要となります。例えば，ICT を活用した授業設計を考える研修を実施する場合，受講者が協働して研修プログラムや教材の作成を行ったり，成果や課題を発表し合ったりする機会を設けると効果的といえます。グループ演習や模擬授業，受講者同士の情報共有等を工夫することで，「個別最適な学び」や「協働的な学び」をコーディネートできる能力をお互いに高め合う場を設けることが必要です。

(4)教師の働き方改革にもつなげる

教育の情報化や教育 DX を考えていく上で，授業改善や学力向上といった側面のみで進めていくことは望ましくないと思われます。授業での ICT 活用，児童生徒の情報活用能力の育成，校務の情報化の３つをバランスよく進めていくことが必要です。特に，校務の情報化は，教師の働き方改革にも通じる内容であり，教育委員会と学校がタッグを組んで取り組んでいく内容です。

教師の負担軽減につながる内容として，デジタル化によって，テストの作成や採点，宿題やノートの点検といった授業担当者の負担を減らすことが挙げられます。文部科学省が公開した「全国の学校における働き方改革事例集」では，テストの作成や採点，宿題やノートの点検は，業務の削減時間で効果が高いことが報告されています。

新型コロナウイルス感染症の対策で一早く取り組んだ地域や学校では，児童生徒が家庭でオンライン学習を進めるだけでなく，教師も自宅からテレワークで仕事を進める自治体も見られました。このような取組は，教師の働き方改革として求められますし，教育委員会や学校は，しっかり向き合う必要があります。

例えば，児童生徒や保護者向けのアンケートや学校評価のアンケートなど，クラウドを活用してデジタル化を図ることで担当者の集計作業が不要になり，学級担任や教頭の事務負担を軽減することにもつながります。さらには，職員室と家庭を Web 会議でつなぎ，事情で出勤できていない教師もテレワークで打ち合わせに参加することが可能となります。状況によっては，自宅にいる教師が学校の教室にいる児童生徒に対して授業を実施する方法も考えられます。

教師の負担軽減は，他にもたくさん考えられます。家庭訪問をオンラインと対面のいずれかから保護者が選択できるようにした学校も見られます。保護者が職場からオンラインで教師と話し合うことができたり，深刻な話題であれば対面で相談できたり，多様化した家庭環境や実情に対応した取組も見られるようになりました。

校種間での連携で強化する

小中学校が連携しやすい体制や組織を構築して，教育の情報化を推進している地域が見られます。これは小中学校での一貫教育において，系統的な取組を進める上で効果的と考えられます。例えば，高森町や三島村のように義務教育学校として組織や体制を強化する中で，小中学校での ICT 教育の系統性を十分確保しています。また，オンライン学習などでも，学校間での連携を進めやすいことが特徴といえます。

他にも，小中学校９年を見通した情報教育等の年間指導計画を作成して，地域全体で共有しているケースも見られます。学校や学級で格差が生じないように，共通の計画を作成して学校や学級で工夫して運用するようにしています。情報担当や学級担任が一人で考えるよりも，複数の目でチェックしながら共有して進めることは効果的と考えられます。

先進地域の推進計画を見てみると，推進計画の中に目指す子供像や育成する資質能力が明確に位置付けられており，その内容が地域や学校の教育目標の一部として明確化されています。１年間または数年間の目標値として明確にすることで，小中学校での共通目標となるわけです。

教員研修においても，小中学校の連携が進められています。小学校での ICT を活用した研究授業に中学校の教師が参加して積極的に意見交換を行うなど，授業研究と関連付けながら小中学校の連携による教員研修も効果的といえます。さらには，就学前である幼稚園，保育園，認定こども園においても，教育の情報化に取り組むケースが見られ，小中学校との連携も必要となります。大型提示装置や実物投影機を用いた拡大提示など，就学前である幼稚園，保育園，認定こども園でもICTが有効に活用される事例が見られるようになっています。

授業だけでなく，家庭学習の支援

子供たちの主体的な学びを継続して進めるには，授業だけでなく，家庭学習などの授業以外の場面でも支援することが求められます。また，近年では，新型コロナウイルス感染症の対策として学校でのオンライン授業が普及して，家庭での学習に情報端末やクラウド等のICT活用を取り入れるようになってきました。

しかし，通常時にもオンライン授業を本格的に実施できている自治体や学校は少なく，特に家庭でのICT環境が十分整っていないこともわかってきました。

(1)家庭の学習環境の把握とその支援

緊急事態の対応策としてオンライン授業を開始するのではなく，学校や家庭での学習環境の整備を意識して，日常の家庭学習で情報端末が活用できる環境の整備を進めておく必要があります。自治体や教育委員会においては，家庭でのネットの接続環境を把握するなど，情報端末を家庭で有効活用できるように支援することが求められます。本書で取り上げた事例においても，全ての家庭のネット環境が充実するように，光回線の敷設やWi-Fiルータの提供などを支援しています。

また，教育委員会や学校は，情報セキュリティの確保や適切な活用の指導について，保護者や地域に対していねいに説明して，家庭での端末利用についての共通理解を深めるように展開していくことが重要です。全ての家庭でWeb会議が利用できるようになり，継続的なオンライン授業が実現するには，自治体や教育委員会の積極的な支援と共通理解を継続的に進めることが求められます。

(2)普段から端末を持ち帰って家庭学習に活かす

本書で取り上げた自治体では，1人1台端末環境を整備することにとどまらず，その先にある活用の姿を見据えて，情報端末を家庭へ持ち帰り，家庭学習に活かす取組まで想定していることがわかります。例えば，家庭に情報端末を持ち帰らせ，授業の予習や復習を端末上で行わせるなど，授業と家庭学習をシームレスにつないだ取組が見られます。

個別学習支援システムを用いて，個々に応じた内容や個人にあったペースで進めることができるようにしたり，クラウド上で児童生徒が情報を共有して共同編集するなどの協働的な学習を展開したりすることが期待されます。特に，家庭に情報端末を持ち帰り，家庭学習を進める中で，児童生徒がクラウド上でリアルタイムにやり取りをして，考えを深める様子が見られます。新たな方法に挑戦しながら，子供同士がつながって学習を進めることが今後の新たな学びの一つといえると思います。

(3)ルールやマナーは，家庭のスマホ使用も一緒に指導

学校の情報端末を家庭に持ち帰ると，何か危険な使い方をしたり，ネットいじめにつながったりするのではないかと危惧する意見があります。しかし，そのような使用上のルールやマナーを指導するのは，学校の情報端末だけではありません。むしろ，様々な調査でも明らかになっているのは，家庭で所有するスマートフォンやタブレットの活用でのルールやマナーの問題です。学校の情報端末を家庭に持ち帰り，端末やネットの使い方のルールを家庭にあるスマートフォンやタブレットと一緒に考えてもらいたいと思います。その際に，保護者と子供が一緒になって，使い方を振り返ってもらい，学習のツールとして活用することや自律的にルールを設定することを行ってもらいたいです。

学校によっては，１人１台端末やクラウド環境等が未だに特別な存在になっている学校も見られます。ICT 機器はあくまでも学習の道具であり，使えば使うほど汚れますし，傷付けたり壊れたりすることがあります。ICT 機器が普段着の学習ツールになっているか，学校を見守っていくことが必要です。地域や保護者，協力する企業等と一緒になって学校を支援することも必要となります。

本書で取り上げた事例での大きな目的は，ICT 環境の整備だけにとどまりません。どの事例においても，個別最適化された，協働的に学ぶことができる，創造性を育む教育の実現を目指すものです。子供たちの能力を最大限に発揮できるよう，ある部分は子供たちに委ねる，そういった新たな授業の実現に近付いているかが重要です。

数年後には，本書で紹介した事例は，令和の学校の標準的な姿になっていることと思います。本書を読んでいただいた教育関係者には，今回紹介した事例での取組を参考にして，日頃の学校教育や家庭教育，社会教育に活かしてもらえれば幸いです。

中村学園大学教育学部教授・メディアセンター長　山本　朋弘

【執筆者一覧】

山本　朋弘（中村学園大学教育学部教授・メディアセンター長）
堀田　龍也（東北大学大学院情報科学研究科教授，
東京学芸大学大学院教育学研究科教授）
佐藤　増夫（熊本県高森町教育委員会教育長）
徳永　貞康（佐賀県武雄市教育委員会新たな学校づくり教育監）
木田　　博（鹿児島市教育委員会学校 ICT 推進センター所長）
古川　信夫（宮崎県西米良村教育委員会教育長）
矢野　昌之（福岡県うきは市教育センター副所長）
梶原　敏明（大分県玖珠町教育委員会教育長）
吉柳　啓二（福岡県田川市教育委員会教育長）
室之園晃徳（鹿児島県三島村教育委員会教育長）
中島　正之（福岡県教育庁教育振興部義務教育課主任指導主事）
酒井美佐緒（福岡市立百道浜小学校校長）

【編著者紹介】

山本　朋弘（やまもと　ともひろ）

中村学園大学教育学部教授・メディアセンター長

- 専門分野は，教育の情報化，情報教育，小学校プログラミング教育，教師教育等。
- 博士（情報科学），修士（教育学）。東北大学大学院情報科学研究科を早期修了。
- 鹿児島大学教育学部附属教育実践総合センター講師，鹿児島大学大学院教育学研究科准教授を経て，2021年から中村学園大学教育学部教授。
- 大学外では，文部科学省「教育の情報化に関する手引」検討委員（R01），文部科学省ICT活用教育アドバイザー（H27～），文部科学省「先導的な教育体制構築事業」ワーキンググループ委員（H26～）等，文部科学省の検討委員や事業検討委員などを歴任。その他，九州管内の約20の自治体の教育ICTアドバイザーとして関わる。
- 学協会では，日本教育工学協会副会長，九州教育情報化研究会事務局長を務める。日本教育工学会，日本教育メディア学会の編集委員を務める。日本教育心理学会，日本科学教育学会，日本教育システム情報学会会員。
- 著書，監修は，以下のとおり。
  『「校務の情報化」で学校経営がこう変わる』（教育開発研究所）
  『タブレット端末を活用した21世紀型コミュニケーション力の育成』（フォーラム・A）
  『管理職・ミドルリーダーのための「校務の情報化」入門』（教育開発研究所）
  『コミュニケーション力指導の手引』（高陵社書店）
  『続・コミュニケーション力指導の手引』（高陵社書店）
  『管理職のための「教育情報化」対応ガイド』（教育開発研究所）

学校と教育委員会・自治体をつなぐ

教育ＤＸ推進ガイド

2023年１月初版第１刷刊　©編著者　山　本　朋　弘

発行者　藤　原　光　政

発行所　明治図書出版株式会社

http://www.meijitosho.co.jp

（企画）赤木恭平（校正）宮森由紀子

〒114-0023　東京都北区滝野川7-46-1

振替00160-5-151318　電話03（5907）6701

ご注文窓口　電話03（5907）6668

＊検印省略　組版所　株式会社木元省美堂

Printed in Japan　ISBN978-4-18-108936-8